"十四五"职业教育河南省规划教材

职业教育城市轨道交通专业"互联网+"创新教材

城市轨道交通客运服务

（配实训工单）

主　　编　张丹丹　　张恩平

副主编　刘志远　　张艳艳

参　　编　潘海洋　　朱海云

机械工业出版社

本书是"十四五"职业教育河南省规划教材。

本书为职业教育城市轨道交通专业"互联网+"创新教材，包括理论知识和实训工单两部分，两部分分别装订成册后形成一个整体。理论知识主要内容包括城市轨道交通客运服务概述、城市轨道交通服务设施、设备、城市轨道交通客运服务礼仪与职业道德、城市轨道交通车站客运服务、城市轨道交通乘客事务处理和城市轨道交通客运服务质量，共6个项目。实训工单共13个，每个实训工单以接受工作任务、信息收集、制订计划、计划实施、质量检查、评价反馈6个环节为主线，结合理论知识进行实践操作训练，对应企业岗位能力需求，形成理实一体化的学习模式。

本书内容新颖，知识面广，重点、难点突出，双色印刷，图片清晰美观，借助"互联网+"及信息技术，以二维码形式融入教学视频，使教材内容呈现立体化、可视化和数字化。

本书可作为职业院校城市轨道交通专业教材，也可作为相关行业岗位培训或自学用书，还可供城市轨道交通从业人员学习参考。

为方便教学，本书配有电子课件、实训工单答案、视频资源包等资源，同时还配有"示范教学包"，可在超星学习通上实现"一键建课"，方便混合式教学。凡选用本书作为授课教材的教师均可登录www.cmpedu.com，以教师身份注册后下载，或咨询相关编辑，编辑QQ：729163363。

图书在版编目（CIP）数据

城市轨道交通客运服务：配实训工单 / 张丹丹，张恩平主编. —北京：机械工业出版社，2020.11（2024.1重印）

职业教育城市轨道交通专业"互联网+"创新教材

ISBN 978-7-111-67055-1

Ⅰ.①城… Ⅱ.①张…②张… Ⅲ.①城市铁路–客运服务–职业教育–教材 Ⅳ.①U239.5

中国版本图书馆CIP数据核字（2020）第251456号

机械工业出版社（北京市百万庄大街22号　邮政编码100037）

策划编辑：师　哲　责任编辑：师　哲

责任校对：陈　越　封面设计：张　静

责任印制：单爱军

北京虎彩文化传播有限公司印刷

2024年1月第1版第5次印刷

184mm×260mm · 10.5印张 · 259千字

标准书号：ISBN 978-7-111-67055-1

定价：36.00元（含实训工单）

电话服务

客服电话：010-88361066
　　　　　010-88379833
　　　　　010-68326294

封底无防伪标均为盗版

网络服务

机　工　官　网：www.cmpbook.com
机　工　官　博：weibo.com/cmp1952
金　书　网：www.golden-book.com
机工教育服务网：www.cmpedu.com

前　言

　　轨道交通伴随着城市发展而出现，促进了城市经济发展，改变了城市出行和生活方式，传承和创新了城市文明。相比欧美国家，我国轨道交通起步较晚，但随着我国经济高速发展，国内城市轨道交通建设进入繁荣发展期，解决了大型、特大型城市人口密集中心区的交通拥堵问题。据不完善统计，目前，我国城市轨道交通规划总里程超过 8500km（不含有轨电车和市域轨道），扣除已开通运营线路，平均每年开通运营里程约 900km，到 2020 年年底，全国开通运营城市轨道交通的城市将达到 40 个。

　　为了适应此形势，本书在编写过程中吸取了以往相关教材的精髓，并组织了具有丰富轨道交通岗前培训经验的教师和地铁一线的工作人员对大纲的制订和任务的编排进行了探讨，最后根据 2019 年高等职业学校城市轨道交通运营管理专业教学标准进行编写。

　　本书强调以能力培养为主体，结合教学实践，在阐述了城市轨道交通客运服务的基础上，增加了实训工单，在实训工单的编写中融入了实际问题的处理，侧重培养学生解决实际问题和拓展思维的能力。同时，本书在理论部分有机地融入了"课程思政"元素，以"特色亮点"的形式展现，在内容上也进行了创新，以符合"1+X"课证融通的需求。

　　本书采用"校企合作"模式编写，由郑州职业技术学院张丹丹和郑州地铁集团有限公司运营分公司站务中心张恩平任主编，由刘志远、张艳艳任副主编。其中项目一及项目六由郑州职业技术学院刘志远编写，项目二由郑州职业技术学院张丹丹编写，项目三由郑州职业技术学院张艳艳编写，项目四由郑州职业技术学院潘海洋编写，项目五由郑州职业技术学院朱海云编写。实训工单由郑州地铁集团有限公司运营分公司站务中心张恩平编写，全书由张丹丹统稿。

　　由于编者水平有限，书中难免存在疏漏之处，敬请广大读者批评指正。

编　者

二维码索引

目 录

城市轨道交通客运服务实训工单

项目一

城市轨道交通客运服务概述

📖 **学习导入**

　　人类的一切活动既要受自然规律的影响和制约，也要受社会规律及各种社会规范的影响和制约。所谓社会规范，除了道德规范和法律规范之外，还有一个重要的规范，那就是礼仪规范。

　　随着经济社会的发展和对外交往的增多，礼仪问题越来越受到党政机关、企事业单位等各类社会组织的重视。对于直接为城市轨道交通乘客服务、代表单位和组织形象的轨道交通工作人员来说，增强礼仪观念、提高客运服务质量显得尤为重要。

任务一　城市轨道交通客运服务的基本特性及分类

🔄 **任务目标**

1. 认识城市轨道交通客运服务。
2. 掌握城市轨道交通客运服务的基本内容。
3. 理解城市轨道交通的基本特征。
4. 了解城市轨道交通客运服务的分类。

📖 **知识课堂**

　　城市轨道交通客运服务是指在轨道交通系统内，轨道交通运营企业为乘客安全、准时、快捷、方便、经济、舒适和文明乘车而直接开展的服务工作。客运服务工作作为城市轨道交通运营管理的重要组成部分，它是城市轨道交通服务质量的一个重要因素，也是保证城市轨道交通运营企业竞争力的关键。

一、城市轨道交通客运服务的基本特征

1. 无形性

城市轨道交通客运服务属于无形产品，乘客在购买服务之前看不见、摸不着、闻不到，

这就要求作为服务的城市轨道交通运营企业必须增加服务的有形性，化无形为有形，尽可能地通过实物的方式表现出自身的服务水平，如整洁的车站乘车环境、有序的客流组织、清晰明确的导向标识等。

2. 即时性

城市轨道交通客运服务的即时性是指客运服务具有无法储存的特点。服务过程结束，服务也跟着结束，乘客即使不满意也无法更换或退回服务。这样的形式，就不能像有形产品那样通过更换商品以达到乘客满意，从而挽回不良影响。

客运服务的即时性使城市轨道交通运营企业对服务的供给量及服务时间不易进行准确预测，从而造成运营企业不能准确根据服务市场的供求变化来调节自身的服务供给，容易造成客运服务能力供给不足或浪费。

3. 同时性

城市轨道交通客运服务的同时性是指客运服务的生产过程和消费过程在时间上和空间上同时并存，同时进行。对运营企业来讲，运输过程就是服务的生产过程；对乘客来说，乘车过程就是消费过程。一方面，乘客参与服务提供的过程；另一方面，乘客的参与对运营企业的服务时间、质量和设施的提供都造成了不确定性，从而给服务质量的管理和控制带来了困难。

4. 差异性

城市轨道交通客运服务的差异性是指客运服务的水准和质量因人、因时、因事而存在的差异变化。客运服务是由客运服务人员通过自身劳动来完成的，而每位服务人员由于年龄、性别、性格、素质和文化程度等各方面的不同，他们为乘客提供的运输服务不同，即使是同一个员工，在不同的场合、不同的时间、面对不同的乘客，其服务态度和服务方式也会有不同的表现；同时，对于乘客来说，在不同的时间会存在服务需求上的差异。客运服务的差异给服务评价带来了较多的不可量化性。

5. 可靠性

城市轨道交通客运服务的可靠性是指准确无误地完成对乘客的承诺，避免在服务中出现差错。服务差错会给企业带来直接意义上的经济损失，更会影响企业在乘客中的信誉所以应认真落实轨道交通企业向乘客做出的承诺，增强服务可靠性。如果出现列车晚点、车票无效、行李丢失等服务不到位的现象，将给乘客乘车造成极大的麻烦和不必要的紧张，使服务可靠性降低，引起乘客的不满。提高服务可靠性，一定要把兑现承诺放在第一位，实现全过程、全方位的服务承诺。

二、城市轨道交通客运服务的分类

1. 按服务时间和销售时间划分

按服务时间和销售时间划分，可以把客运服务划分为售前服务、售中服务和售后服务。售前服务是指服务时间早于销售时间的服务，售中服务是指服务时间与销售时间同步进行的服务，售后服务是指服务时间晚于销售时间的服务。

城市轨道交通客运服务既有售前服务和售中服务，还有售后服务。售前服务是指乘客在购票之前接受的服务，主要有乘客到达车站后的问询服务、自助查询服务和导向服务等；售中服务是指乘客在购票过程中享受到的服务，主要有乘客的购票服务、找零服务、兑换服务和问询服务等；售后服务是指乘客购票进入车站付费区后的全部服务，它占有服务的比重最大，主要包括检票服务、列车服务和站台服务等，如果在该服务中出现缺失和问题，将会给运营企业带来较多的不良影响。

2. 按照提供服务的主体划分

按照提供服务的主体化分，可以将服务划分为自助服务和人工服务。

自助服务是指通过自助设备设施向乘客提供所需的服务，如自动售票机提供的售票、充值和查询服务。在该种服务下，运营服务人员必须保证服务设备的干净整洁和操作性。

人工服务是指依靠服务人员与乘客的交流，询问相关信息，利用相关设备提供给乘客所需要的服务，如安检服务、售票服务等。在此类服务过程中，服务人员的服务态度和工作效率具有至关重要的作用。

3. 按照是否需要和乘客直接接触划分

按照是否需要和乘客直接接触划分，可以将服务划分为前台服务和后台服务。

前台服务是指直接和乘客接触的服务，这类服务直接面向乘客，形成乘客对服务质量的明确感知。因此前台服务是服务的核心部分，运营企业必须高度重视。

后台服务不直接面对乘客，而是为前台服务提供技术性和管理性的工作，它是对前台服务的一种支持。

任务二　城市轨道交通客运服务的基本内容

任务目标

1. 认识城市轨道交通运营企业的总体服务。
2. 掌握城市轨道交通客运服务的基本内容。
3. 理解城市轨道交通乘客出行需求。

知识课堂

城市轨道交通客运服务的基本内容包括城市轨道交通运营企业的总体服务内容、车站客运服务的基本内容和乘客出行需求。

一、城市轨道交通运营企业的总体服务

城市轨道交通运营企业的总体服务框图如图 1-1 所示。

二、车站客运服务的基本内容和乘客出行需求

乘客在出行时会面临选择何种交通工具的问题，而城市轨道交通因能给乘客带来安全、快速、舒适和经济的服务，常常被作为出行的首要选择。城市轨道交通乘客出行需求图如图 1-2 所示。

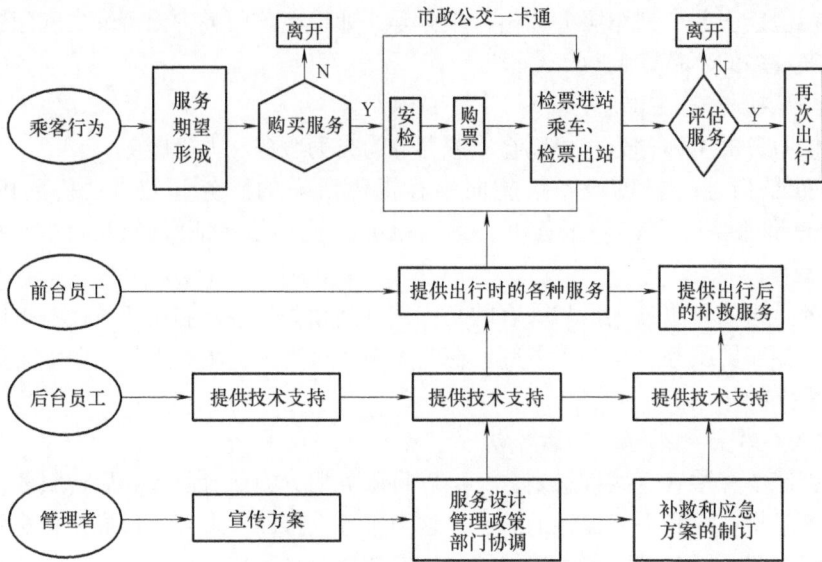

图 1-1　城市轨道交通运营企业的总体服务框图

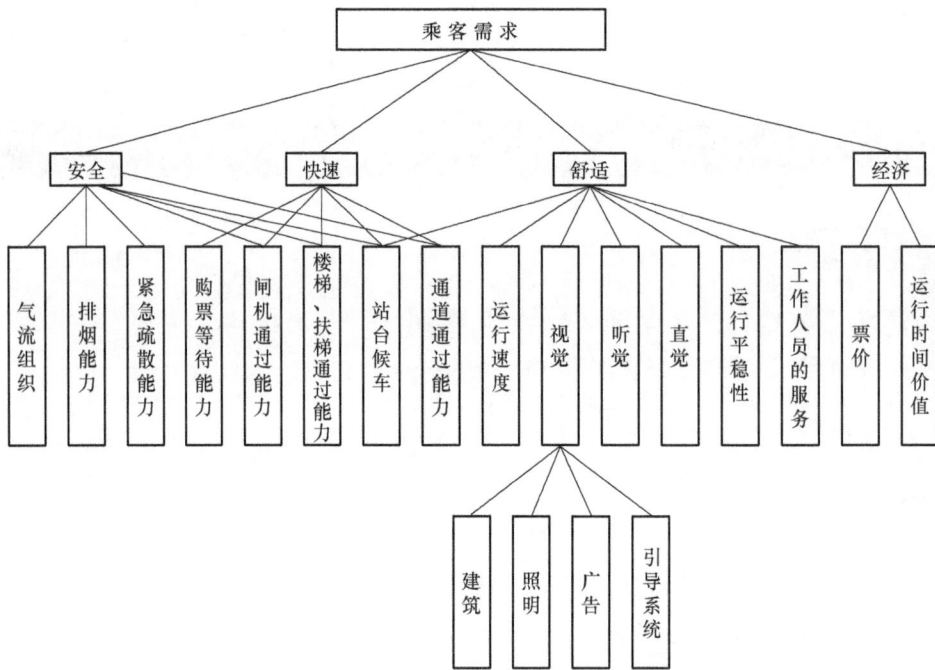

图 1-2　城市轨道交通乘客出行需求图

　　乘客从进入地铁站开始就接受服务，直到乘客到目的站出站为止，因此乘客乘坐地铁的过程就是车站服务的过程。一般来说，车站客运服务的基本内容主要包括进站服务、安检服务、购票充值服务、刷卡进站服务、乘客候车服务、乘客上下车服务和乘客刷卡出站服务等。按照乘客接受服务的地点，车站服务可以划分为乘客服务中心服务、站台层服务和站厅层服务。城市轨道交通车站客运服务的基本内容如图 1-3 所示。

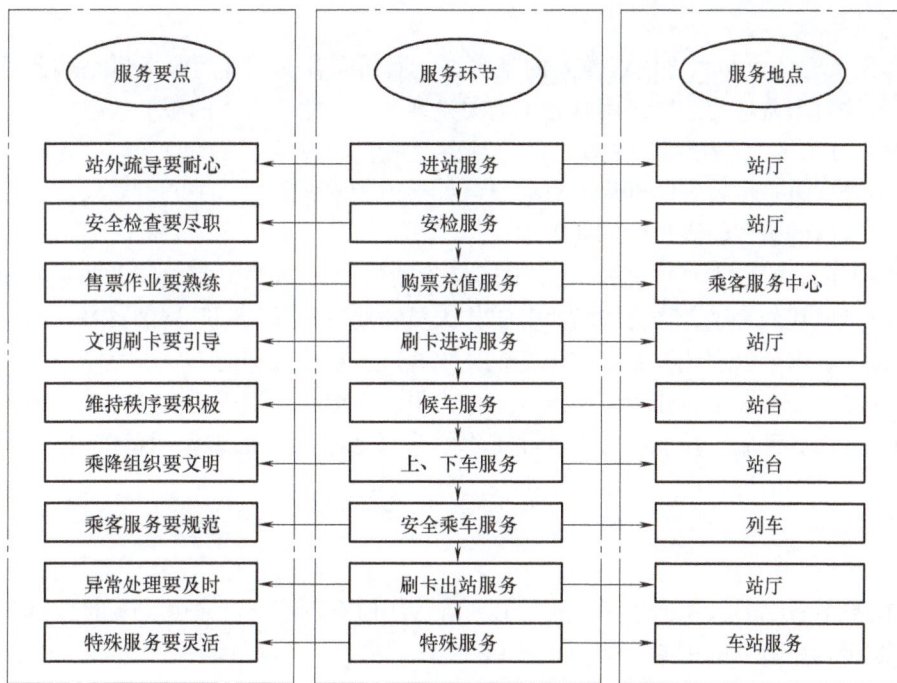

图 1-3 城市轨道交通车站客运服务的基本内容

任务三 城市轨道交通客运服务的核心要素及要求

任务目标

1. 掌握城市轨道交通客运服务的核心要素。
2. 掌握城市轨道交通客运服务的要求。

知识课堂

一、城市轨道交通客运服务的核心要素

城市轨道交通的服务对象是所有乘坐轨道交通的乘客。乘客选择城市轨道交通出行，最主要的原因是能够安全、准时地到达目的地，同时要求购票方便、候车舒适、乘车快捷和服务良好等。因此，城市轨道交通车站客运服务的核心要素主要包括人员要素、环境要素和附加服务。

1. 人员要素

（1）正面的服务心态

1）正面开朗。要保持正面的心态和开朗的心境，面对乘客可以让服务人员多一些笑容，少一些冷漠；更可以让服务人员面对挑战和冲突时，容易控制自我情绪并有效地处理各种各

样的问题。

2）体贴关心。人与人之间最重要的是真诚，而给乘客提供客运服务也是如此。只要以乘客为先，致力于诚恳的态度，用真心主动关爱乘客，自然会有好的服务效果。

3）将心比心。只要想乘客之所想，急乘客之所急，从乘客的角度出发，用心去聆听，回应并灵活处理每一位乘客的诉求。只要设身处地地为乘客着想，关心尊重乘客，就能提供超出他们期望值的服务，满足他们的需求。

（2）良好的仪容仪表　乘客最常见到的是车站服务工作人员，第一印象非常重要，一个好的开始就是成功的一半，作为车站服务工作人员需要时刻保持制服清洁整齐，时刻佩戴工牌，保持良好的仪容仪表让乘客眼前一亮，让乘客产生亲切感和信心。

（3）娴熟的服务技能　作为车站服务工作人员，需要不断学习运营新知识，熟悉相关的法律法规，掌握各种服务技能和技巧，在工作中需要将各种服务规程、操作程序和标准融入服务过程中，不断磨炼自己的基本功，提高服务水平。

2. 环境要素

（1）安全整洁的环境

1）车站服务人员应时刻具备安全意识，留意任何有危险性的事件，及时发现并处理安全隐患，减少发生意外的概率。

2）维护城市轨道交通企业和乘客的利益，制止违法行为，礼貌劝阻乘客的不当行为，制止违反城市轨道交通企业规定的行为。

3）保持乘车环境的整洁，提升乘客的满意度。

（2）清晰明确的引导系统

1）引导系统可以使乘客安全、顺畅、快速地完成整个出行，避免乘客滞留引起车站拥堵，在紧急疏散时，还可以清晰地引导乘客顺利地离开危险区域，快速到达地面。

2）车站导向标识应设置在乘客容易看到的位置，方便乘客看到和做出抉择，避免导向标识被车站内其他设备遮挡，影响乘客查看。导向标识和广告、商业标识等不能放在一起，避免产生混淆，看不清导向标识。

3）导向标识需要连续设置，指导乘客到达目的地，在此过程中不能出现标识盲区。各标识之间的距离要适当安排，过短会造成视觉过度紧张，可视性差；过长会造成视线缺乏连贯及序列感。

3. 附加服务

附加服务是指乘车服务之外的服务，主要包括公共电话服务、书报亭服务、自动取款机服务和自动售卖机服务等。

二、城市轨道交通客运服务人员的服务要求

（1）主动热情　主动热情服务是指服务人员即使是在乘客暂时不需要服务的时候，也要眼观六路、耳听八方，心里想着乘客、眼里看着乘客，随时做好为乘客服务的准备。优秀的车站服务工作人员一般都能做到在乘客尚未发出需要服务信息之前就通过自己的察言观色，主动提供服务。除此之外，车站客运服务人员在岗期间还需要保持长久的服务热情。无论乘客多么挑剔，也无论在工作中受到多大的委屈，始终都要求自己能够以积极热情的态度面对每一位乘客，这种热情要建立在以服务为荣的基础之上。

（2）控制情绪　一名优秀的车站客运服务人员，应善于控制自己的情绪，约束自己的情

感，克制自己的举动，不能带着负面情绪上岗，无论与哪一类的乘客接触、提供服务，还是发生什么样的问题，都能够做到镇定自若，不失礼于人，不与乘客产生正面的冲突与纠纷。

当乘客有不满情绪时，往往会对车站客运服务人员提出批评，说话不好听，甚至难听话较多，这种批评可能会在不同场合以不同的方式提出来。当乘客在公共场合对车站服务人员疾言厉色时，往往让人难以接受。遇到这种情况，服务人员首先要保持冷静，不要急于与乘客争辩，切不可针锋相对，使矛盾激化，难以收拾。如果乘客是无理取闹，可以交给相关部门处理解决。

当乘客不礼貌时，无论何种情况，都要做到有礼、有理、有节地解决问题。有礼即临辱不怒，面对乘客的不礼貌，不发脾气，沉着冷静应对，妙语对粗言，文雅对无礼，以静制动，让乘客自己感觉自己的所作所为不合理、不应该这样做事情。只有这样，以有礼对无礼，才能使自己不被动，才能维护城市轨道交通的窗口形象，才能更好地为乘客服务。有理即动之以情，晓之以理。虽然有些乘客态度生硬，但是一旦发现自己理亏，得不到大多数乘客的支持，就会有所收敛。有节即适可而止，乘客毕竟是乘客，是城市轨道交通服务人员的服务对象，不能因乘客有了过错而心存芥蒂。要记住和乘客的争执最终受到损失的是企业而不是乘客。如果服务人员能够对乘客宽容，会有好的回报。

（3）**处变不惊** 列车上各式各样的人都有，各种情况和突发事情都有可能随时发生。因此要求客运服务人员一定具有处变不惊的心理素质。在面对一些喜怒无常、无理取闹的乘客时，遇到列车晚点、发生突发事件时，都需要客运人员临乱不惊，能够应对各种突发状况。这就要求服务人员熟知各类应急处置预案，具有良好的心理素质。

📄 课后习题

一、填空题

1. 按服务时间和销售时间划分，城市轨道交通客运服务划分为（   ）、（   ）和（   ）3种。

2. 按照提供服务的主体划分，城市轨道交通客运服务划分为（   ）和（   ）。

3. 按照是否需要和乘客直接接触划分，城市轨道交通客运服务划分为（   ）和（   ）。

4. 乘客最常见到的是车站服务人员，（   ）非常重要，一个好的开始就是成功的一半。

5. 附加服务是指乘车服务以外的服务，主要包括（   ）、（   ）、（   ）和（   ）等。

二、选择题

1. （   ）是指直接和乘客接触的服务，面向乘客，形成乘客对服务质量的感知。
   A. 前台服务　　　B. 后台服务　　　C. 人工服务　　　D. 自助服务

2. （   ）主要是通过自助设备向乘客提供所需的服务。
   A. 前台服务　　　B. 后台服务　　　C. 人工服务　　　D. 自助服务

3. 客运服务的（   ）指城市轨道交通服务具有无法储存的特点。
   A. 同时性　　　　B. 即时性　　　　C. 差异性　　　　D. 相同性

4. 服务的（   ）给服务评价带来了较多的不可量化性。
   A. 同时性　　　　B. 即时性　　　　C. 差异性　　　　D. 相同性

5.（　　　）需要连续设置，指导乘客到达目的地，期间不能出现标识视觉盲区。

    A. 导向标识   B. 热情服务   C. 干净环境   D. 附加服务

三、简答题

1. 城市轨道交通客运服务的基本特征有哪些？

2. 城市轨道交通客运服务的基本内容有哪些？

3. 城市轨道交通客运服务的核心要素有哪些？

4. 对城市轨道交通客运服务人员的服务要求有哪些？

项目二

城市轨道交通服务设施、设备

学习导入

　　城市轨道交通车站是乘客的集散点，是乘客上、下车的场所，也是乘客接受客运服务的主要场所。为了顺利完成车站客运组织任务，提高车站服务水平，必须在车站合理配备必要的服务设施设备。城市轨道交通系统是一个庞大而复杂的系统，从运营功能来看，城市轨道交通设施、设备分属列车运营系统、客运服务系统和检修保障系统三大系统。

　　1）列车运营系统：线路、车辆、牵引、信号、通信等。

　　2）客运服务系统：车站照明、自动扶梯、自动售检票及广播、导向及乘客信息系统、消防、车站设施等。

　　3）检修保障系统：为了保障行车、客运设备性能良好，使其能随时重新投入运营而具备的检修设施及其他设备，如停车场、驾车机等。

　　在实际应用中，城市轨道交通运营企业将各系统按专业分类，使设施、设备的分类与各专业单位相对应，以便于管理。本项目主要介绍与轨道交通客运有关的服务设施、设备。

任务一　城市轨道交通服务设施、设备的认知

任务目标

　　1. 熟悉城市轨道交通服务设施、设备设置的位置及原则。

　　2. 掌握城市轨道交通各类服务设施、设备的功能。

　　3. 了解城市轨道交通各类服务设施、设备的作用。

知识课堂

　　城市轨道交通服务设施、设备主要有车站乘降设备、自动售检票系统、安全门、乘客导

乘信息系统、环境控制系统、照明系统、综合监控系统和消防设施等。

一、车站乘降设备

地铁车站乘降设备一般有步行楼梯、自动扶梯、垂直电梯和轮椅升降机四种，如图 2-1 所示。

1. 步行楼梯

为了防止上、下客流产生对流现象，一般在步行楼梯的中央设置栏杆，将进、出站的客流分开。

2. 自动扶梯

轻轨和小型车站都可以采用自动扶梯的形式，一般在离自动扶梯的远处地方设有自动售票机。

3. 垂直电梯

垂直电梯一般给有需要的人士使用，如残疾人及携带重行李的乘客通行。

4. 轮椅升降机

轮椅升降机又称为楼梯升降机，一般由工作人员进行操作，如果有需要可联系站内工作人员。

a)

b)

c)

d)

图 2-1　车站乘降设备

a）步行楼梯　b）自动扶梯　c）轮椅升降机　d）垂直电梯

垂直电梯与自动扶梯是城市轨道交通站台、站厅、地面间运送客流的主要设备，对及时疏散客流起着至关重要的作用。此外，车站内还设置残疾人液压梯、轮椅升降机，以满足残疾人士的需要。

自动扶梯应采用 30° 倾角，有效净宽为 1m，运输速度宜采用 0.65m/s，设计通过能力应不大于 9600 人 /h，上、下两端水平运行梯级数不得小于 3 块平级梯。作为事故疏散用的自动扶梯，应采用一级负荷供电。

二、自动售检票系统

自动售检票（Automatic Fare Collection，AFC）系统是指由城市轨道交通用于自动售票自动检票和自动统计、结算的一系列设备所构成的系统，它是集机械、电子、计算机应用、计算机网络管理、通信传输、票务政策及票务管理等功能于一体的控制系统和信息管理系统。

AFC 系统作为城市轨道交通系统的窗口服务设备，其意义已经不仅限于解决车票发售、检验车票这些表面上的工作程序，而是被赋予了更深层次的服务含义。它向乘客展现便捷的程序，向管理者提供科学管理的依据，最终在日常应用中通过运营服务和运营管理方式对其功效进行全方位的展现。

城市轨道交通 AFC 系统根据功能可以分为以下 5 个层次：

（1）自动售检票清分中心（Automatic Fare Collection and Distribution Center，ACC）计算机系统　ACC 计算机系统实现轨道交通路网内各运营商的统一协调及系统和安全管理，主要负责轨道交通各线一票通及一卡通的运营管理、票务管理，轨道交通与一卡通系统的清算、对账及与各线间的清算；负责整体与外部系统（如一卡通清算系统）的交互；负责各线路 AFC 系统的密钥安全及对外的信息服务，实现线路中央计算机系统有效接入 ACC。

（2）线路中央计算机系统　线路中央计算机（Line Central Computer，LCC）系统是轨道交通 AFC 系统线路管理中心，在轨道交通网络化运行下接收 ACC 计算机系统的指令，实现对所监控线路的运营管理并根据协议上传数据；与 ACC 计算机系统进行对账；进行所辖线路票务及设备管理；当发生通信故障等，必须由线路独立运行时，独立管理所监控线路系统的运行。

（3）车站终端设备　AFC 系统包括自动售票机和闸机。除此以外，AFC 终端设备还有半自动售票机、自动检票机和车站计算机，如图 2-2 所示。车站计算机（Station Computer，SC）系统属于三级机构，接收 LCC 系统的管理指令，管理本站系统运行，负责监视、管理所辖车站系统的运营。

（4）车票读写终端　车票读写终端是完成车票读写的模块。

（5）票卡　票卡是乘客用以乘车的有效凭证，按照用户的需求可分为计次卡、计时卡和计程卡等。

扫一扫

AFC 系统概述

三、安全门

安全门设置于地铁或轻轨车站站台的边缘。该门系统在整个站台长度上将站台区域与轨道区域分隔开。

按照设置的位置，安全门可以分为屏蔽式、全高式和半高式 3 种。

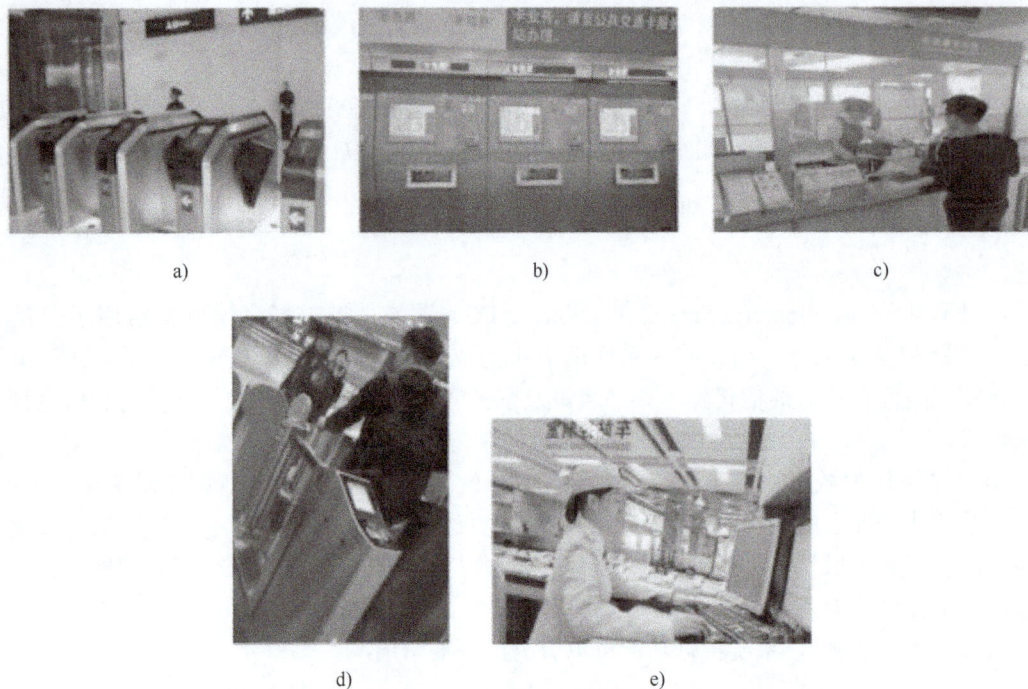

图 2-2　车站 AFC 系统终端设备

a）闸机　b）自动售票机　c）半自动售票机　d）自动检票机　e）车站计算机

1. 屏蔽式安全门

屏蔽式安全门系统是一道自上而下的全封闭玻璃隔断墙，沿着车站全站台边缘设置，把站台区域与列车区域分隔开，在列车到达和出发时可自动开启和关闭。地铁屏蔽式安全门的安装能为乘客营造一个安全、舒适的候车环境，如图 2-3 所示。

图 2-3　屏蔽式安全门

2. 全高式安全门

全高式安全门系统的上部不封闭，也就是说，不能实现站台与轨道区间的密封隔离，但全高式安全门系统和屏蔽式安全门系统具有相同的优点。相对于屏蔽式安全门，全高式安全门主要起了一种隔离作用，提高了站台候车乘客的安全，同时能起到一定的降噪的作用，对于采用车站进风、区间排风的车站，这种安全门有利于站台和区间的通风和排烟，如图 2-4 所示。

图 2-4　全高式安全门

3. 半高式安全门

半高式安全门又称为栅栏式安全门，其高度一般为 1.2 ~ 1.7m，安装在站台边缘，将站台区域与轨道区域分隔开。与前两种形式相比，其造价低，安装简单快捷，适合高架站，如图 2-5 所示。

图 2-5　半高式安全门

扫一扫

乘客导乘信息系统

四、乘客导乘信息系统

乘客导乘信息系统运用网络技术与多媒体技术进行信息的多样化显示，通过控制中心、广告制作中心等，实现所需信息的编辑、制作和传递，同时在车站或是列车内呈现出来向乘客发布更直观、更形象的各种信息。

1. 导向标识系统

导向标识系统是车站进行客流组织，引导乘客合理流动的重要手段之一。它由一系列布置在指定位置的固定指示牌，可变内容的信息和可移动的临时指示、告示牌组成，如图 2-6 所示。

导向系统的标识是需要用人的视觉去辨别其所表示的特定含义和内容的形象物体。作为视觉标识，它应具有艺术性强、形象简练、含义明确、清晰醒目、便于记忆的特征。

导向标识的设置原则包括位置适当、连续性原则、一致性原则、安全性原则以及特殊性原则。

图 2-6　导向标识系统

2. 乘客信息系统

乘客信息系统可以为乘客提供列车到发时间、出行信息和天气预报等多种咨询，如图 2-7 所示。

事实上，导向标识系统和乘客信息系统就是乘客导乘信息系统。

乘客导乘信息系统（Passenger Information System，PIS）是一套服务于城市轨道交通的文字信息发布系统，其主要作用是为乘客提供各类车务及站务的信息，同时它还与移动电视网连接提供各类公共信息。

PIS 的主要功能如下：

（1）紧急信息功能　乘客信息系统可以进行紧急信息的播报，可通过预先设定紧急信息或即时编辑发布紧急信息。

图 2-7　乘客信息系统

（2）显示信息功能　显示的信息包括列车服务信息、时间和实时信息等。

（3）广播播出功能　PIS 可为城市轨道交通引入多媒体广告发布平台，通过广告的播出为城市轨道交通带来更多的广告收入。

五、环境控制系统

城市轨道交通地下环境的空气质量与地面其他场所相差较大，一方面比较封闭，湿度大；另一方面，该环境有多种发热源，如人体散热、车站设备散热、列车散热和外界空气带入焓热等。在降温的同时需要采取排热措施，同时送新风空气中的粉尘、有害物质及人员呼出的二氧化碳必须进行过滤和排放，从而为乘客和工作人员创造一个舒适的环境，保证设备的正常运行，因此环境控制系统（Environment Control System，ECS）显得非常重要。环控控制系统的作用如下：

① 在地铁正常运营时，排除余热、余湿，为乘客和工作人员创造一个舒适的环境。

② 满足车站各种设备以及管理用房工艺和功能的要求，提供正常情况所需的温度和湿

度条件。

③列车阻塞在区间隧道时，向隧道提供一定的送风量和冷量，以维持乘客短时间内能接受的环境条件。

④在发生火灾时提供迅速有效的排烟手段，向乘客输送必要的新风，引导乘客疏散。

环境控制系统由隧道通风系统（含防、排烟系统）、车站通风空调系统（含防、排烟系统）和空调水系统三部分组成。其中，隧道通风系统分成区间隧道通风系统和车站隧道通风系统，车站通风空调系统分成车站公共区通风空调系统（含排烟系统，简称为车站大系统）、车站设备管理用房通风空调系统（含防、排烟系统，简称为车站小系统），空调水系统是为大系统、小系统提供冷源的系统，冷源是冷冻水。环境控制系统的组成如图 2-8 所示。

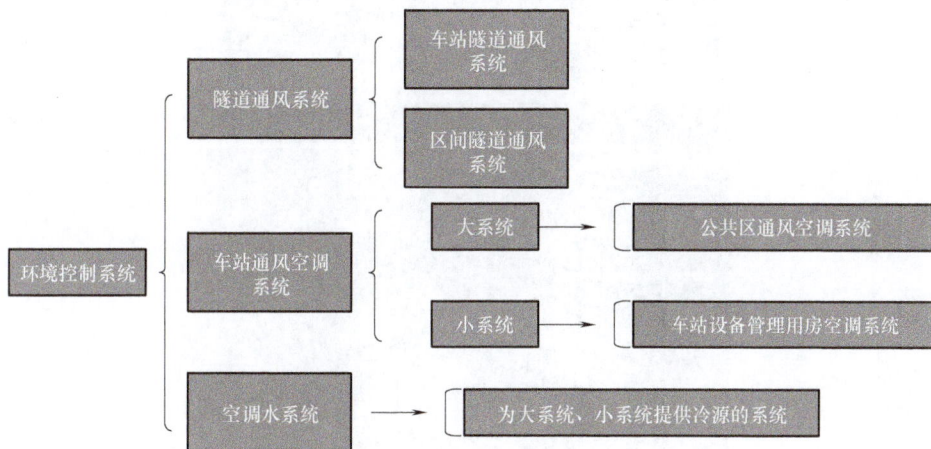

图 2-8　环境控制系统的组成

六、照明系统

车站照明系统采用 380V 三相五线制和 220V 单相三线制方式供电。

1. 车站照明系统的分类

（1）按区域分类　城市轨道交通车站照明系统按区域可分为出入口照明、公共区域照明、办公及管理区域照明、设备房照明、区间隧道照明以及地铁廊道照明，如图 2-9 所示。

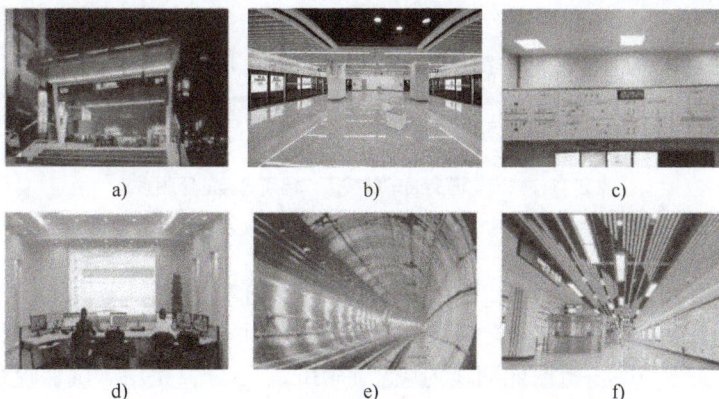

图 2-9　城市轨道交通车站按区域分类的照明系统

a）出入口照明　b）公共区域照明　c）办公及管理区域照明　d）设备房照明　e）区间隧道照明　f）地铁廊道照明

（2）**按照明场所分类**　城市轨道交通车站照明系统按照明场所可分为一般照明、分区一般照明、局部照明和混合照明，如图 2-10 所示。

1）一般照明。一般照明是为照亮整个场所而设置的均匀照明。

2）分区一般照明。分区一般照明是对某一特定区域，如进行工作的地点，设计成不同的照度来照亮该区域的一般照明。

3）局部照明。局部照明是特定视觉工作用的，为照亮某个局部而设置的照明。

4）混合照明。混合照明是由一般照明和局部照明组成的照明。

图 2-10　城市轨道交通车站按照明场所分类的照明系统

（3）**按工作场所分类**　城市轨道交通车站照明系统按工作场所可分为正常照明、应急照明、值班照明和过渡照明，如图 2-11 所示。

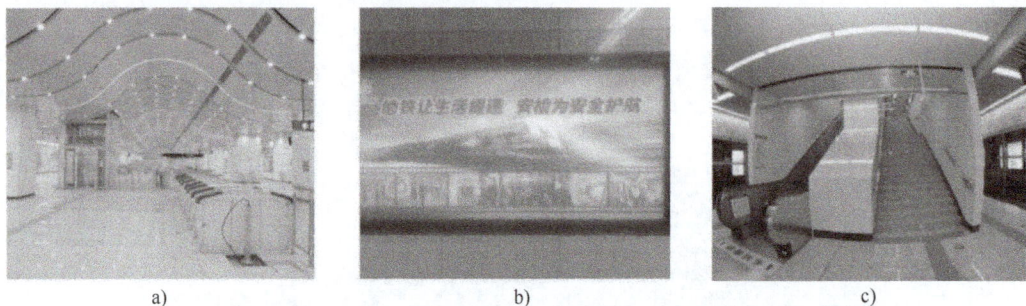

a)　　　　　　　　　　　　　　b)　　　　　　　　　　　　　　c)

图 2-11　城市轨道交通车站按工作场所分类的照明系统

a) 正常照明　b) 广告照明　c) 应急照明

1）正常照明。正常照明是在正常情况下使用的室内外照明。

2）应急照明。应急照明是因正常照明的电源失效而启用的照明。应急照明包括疏散照明、备用照明和安全照明。疏散照明作为应急照明的一部分，是用于确保疏散通道被有效地辨认和使用的照明；备用照明作为应急照明的一部分，是用于确保正常活动继续进行的照明；安全照明是在正常电源发生故障时，为确保处于潜在危险中人员的安全而设的应急照明部分。

3）值班照明。值班照明是在非工作时间，为值班所设置的照明。

4）过渡照明。过渡照明是为减少建筑物内部构筑物与外界过大的亮度差而设置的亮度可逐次变化的照明。

2. 车站照明系统的配置

1）控制中心的控制台、屏前区，车站站厅的自动售票场所内的不同区域有不同照度要求时，应采用分区一般照明。

2）在一个工作场所内有局部照明要求时，应设置局部照明。

3）对于照度要求较高，且单独设置一般照明不合理的场所，宜采用混合照明。

4）非24h连续运营的地下铁道的公共场所，如站台、站厅、通道和楼梯等，应设置值班照明。应从正常照明中分出一部分作为值班照明，并单独控制。

5）行车值班室、控制室、通信信号机房、计算机房、售票室等需保证正常活动进行和视看的重要房间和部位应设置备用照明。

6）车站出入口、双层地面站及高架车站昼间站台到站厅楼梯处应考虑设置过渡照明。过渡照明宜优先利用自然光过渡，当自然光过渡不能满足要求时，应增加人工照明过渡。

7）在地下铁道车站站台、站厅、通道及通道转弯处附近、出入口等处应设置疏散照明。疏散照明由出口标识灯、指向标识灯和疏散照明灯等组成。

8）在地下铁道站站台、站厅的出口、车站出口及其他通向站外的应急出口处均应设置出口标识灯。出口标识灯的安装高度应为2.2~2.5m。

9）在地下铁道车站站台、站厅、楼梯、通道及通道转弯处附近，当不能直接看见或不能看清出口标识灯时，应根据需要设置指向标识灯，安装间距不应大于20m。

10）站台板下及变电所夹层一般作为电缆廊道，其照明一般采用36V安全电压，照明变压器分别设在两端配电室内。

七、综合监控系统

综合监控系统是由车站电视监控系统和控制中心监控系统组成的。

通过地铁CCTV监控屏幕及时向有关人员提供车站各部位的安全情况和客流动态，列车停站、起动，列车门开启、关闭等信息，实时监测列车的运行情况及乘客的安全，如图2-12所示。

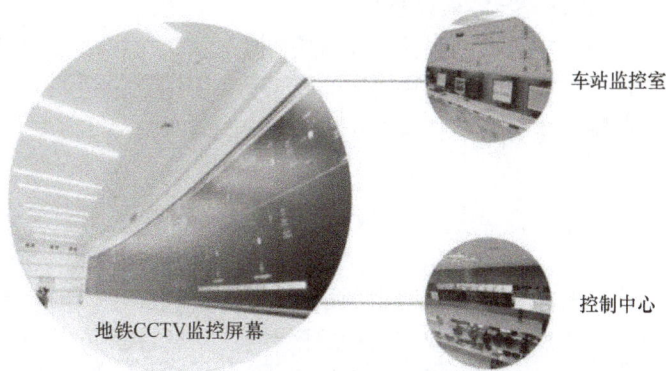

图2-12　综合监控系统

八、消防设施

城市轨道交通车站大部分属于地下车站，车站设备区内设置了大量机电设备，且车站公共区空间狭小、人流密集，因此消防系统在城市轨道交通车站设备中占有重要的地位。地铁车站常见的消防措施有消火栓（图2-13）、火灾报警器（图2-14）和气体灭火系统（图2-15）等。

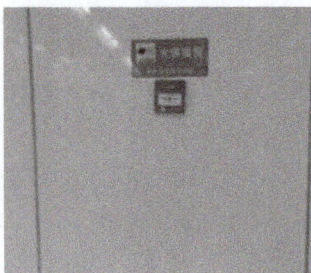

图 2-13　消火栓　　　　　图 2-14　火灾报警器　　　　　图 2-15　气体灭火系统

1. 火灾报警系统

火灾报警系统（Fire Alarm System，FAS）监测车站和隧道内的空气温度和车站烟雾浓度，监测防、排烟设施和气体灭火设备的运营状态，当监测到火灾危险情况时，及时向控制中心、本站气体灭火系统、本站环境控制系统报警。

火灾报警系统的结构分为控制中心级、车站级和就地级三级控制，两级管理。在车站控制室内设系统监控工作站和控制主机，从控制主机引出 3 条探测回路，分别用于连接分布于站厅层和重要设备用房的烟感/温感探测器、电话插孔、声响可视报警设备、人工手动报警设备、扬声器及联动控制模块就地设备。

2. 消防灭火系统

消防灭火系统有气体灭火系统和自动喷水灭火系统。

（1）气体灭火系统　气体灭火系统布置在重要的设备房间，如高低压室、通信设备室、环控电控室和信号设备室等，能实现火警信号采集、系统信息处理、声光报警控制、信息报告、相关环控设备联动控制和气体释放全过程自动控制。

目前应用到城市轨道交通项目中的自动气体灭火系统主要是二氧化碳灭火系统、七氟丙烷灭火系统、烟烙尽（IG541）气体灭火系统。

（2）自动喷水灭火系统　自动喷水灭火系统有两个基本功能：一是在火灾发生后自动喷水灭火，二是发出警告。按喷头开闭形式可将自动喷水灭火系统分为闭式自动喷水灭火系统和开式自动喷水灭火系统。每种自动喷水灭火系统适用于不同的范围。

九、其他设备

1. 门禁系统

为了建设高度现代化的城市轨道交通管理系统，各大城市在修建城市轨道交通时都设置了门禁系统。通过设置门禁点，可有效控制相关区域房门或门锁具的开闭，保证被授权人员正常通行，限制未授权人员进入，对强行闯入行为予以报警，分类记录和管理出入人员、出入区域和出入时间等信息。

城市轨道交通点多线长，其门禁系统属于大型联网门禁系统，具有控制点数多、数据通信量大、数据传输距离远、联动设备多和安全性能要求高等特点。设置门禁系统既提高了城市轨道交通的安全防范管理水平，也提高了其运营管理水平。

2. 防淹门系统

城市轨道交通在地下线路穿越河流或湖泊等水域时，应考虑在进、出水域的隧道两端适当位置设置防淹门，以防止因意外突然使洪水进入隧道和车站，避免造成大范围的人员伤亡和财产损失，有效保护地下设备和人身的安全。

任务二　自动扶梯及垂直电梯的使用

任务目标

1. 掌握自动扶梯的操作方法。
2. 掌握自动扶梯的日常检查操作。
3. 熟悉自动扶梯常见问题的处理。
4. 了解垂直电梯的紧急故障处理程序。

知识课堂

自动扶梯造成乘客伤亡的原因较多，很多情况是车站工作者无法控制的。地铁车站自动扶梯几乎每天都是满负荷运转，设备的零部件极易老化。为了保证自动扶梯能够安全正常地运行，车站客运服务人员必须掌握正确的乘降设备操作方法，加强对设备的日常巡检，并能在紧急情况下及时、正确地处置事故，防止伤害事故扩大。

扫一扫

自动扶梯

一、车站自动扶梯

1. 自动扶梯图解（图 2-16）

紧急停止按钮

下行　上行

蜂鸣器　停止

右侧控制面板

图 2-16　自动扶梯图解

2. 自动扶梯的启动

1）查看出入口、梯级和扶手等部位的清洁情况，确认梯级及梳齿部位没有小石子或钉子之类妨碍运行的杂物。

2）将钥匙插入"蜂鸣器和停止开关"转至"蜂鸣器"侧，使蜂鸣器鸣响数秒，向周围乘客发出将要运行的提示。

3）确认自动扶梯上没有乘客或异物后，将钥匙插入"启动开关"，转至"上行"或"下行"侧，并保持 1s 以上，启动自动扶梯（启动扶梯过程中，若出现异常情况应及时按压紧急停止按钮）。

4）确认扶手带是否正常转动，有异常声响或振动时，要立即按压紧急停止按钮，关停自动扶梯，同时通知维修人员。

3. 自动扶梯的关闭

1）扶梯停止之前，禁止乘客进入自动扶梯的梯口。

2）将钥匙插入"蜂鸣器和停止开关"转至"蜂鸣器"侧，使蜂鸣器鸣叫数秒，确认无人站在扶梯上后，将钥匙转至"停止"侧，使扶梯停止运行。

3）遇紧急情况需停止扶梯时，按压扶梯的紧急停止开关，关停自动扶梯。

4）扶梯故障停止后，应及时采取措施，设置"暂停服务"告示牌，防止乘客将其当作楼梯使用。

4. 自动扶梯的日常检查操作

为了保证自动扶梯安全正常运行，车站工作人员需要对自动扶梯进行定期检查和日常巡检。检查项目主要包括以下内容：

1）扶手带。检查扶手带是否有异常膨胀或老化现象，是否附有口香糖或其他异物。

2）梯级。检查梯级是否有异物，螺钉是否松动，梳齿及梯级面板是否有断裂或者损伤。

3）扶梯运行是否平稳，有无异声，扶手带和梯级是否同步。

4）紧急停止按钮。按下该按钮，扶梯是否停止（定期测试）。

5. 自动扶梯常见问题处理

自动扶梯无论发生何种故障，都需要专业维护人员到现场进行维护处理，车站站务员需要进行必要的配合，维持现场秩序。

1）当发现扶梯有异声、运行异常时，应及时关停扶梯。

2）若出现扶梯急停，要立即到现场查看是否有乘客受伤，是否有异物。确认符合开放条件后才可重新启动。

3）当故障发生时，现场工作人员必须保证及时停梯并疏散扶梯上的乘客。

4）若扶梯无法启动，应报机电维修人员，报告故障扶梯编号和故障现象。

5）当扶梯停止使用后，要在扶梯出、入位置设置相应的指示牌和安全围栏（上、下口都需要设置），并向乘客做好宣传解释工作。

6）扶梯不能使用时，将会导致楼梯或通道的压力增加，在高峰时间，要提前在通道、站厅和楼梯口等位置对客流进行控制。

7）当客流压力很大时，可将扶梯作为临时步梯使用，但由于扶梯阶梯较高，需要提醒乘客注意安全。

6. 自动扶梯维修作业安全要求

自动扶梯在进行日常维护和抢修时，维修作业人员及作业过程应满足以下要求：

1）扶梯维修作业人员应严格按照国家有关行业规程，持有效特种设备作业人员证上岗作业。

2）进行扶梯维修时，要设置标识明显的围栏。

3）在梯井内作业时，要保证有足够的照明，并做好相应的安全措施。

4）作业时，应设专人监护，禁止单独作业。

5）进行设备检查和维修前，应先确认设备已断电、机械部分完全停止，才可进行设备检查和维修。

6）扶梯维修人员进行设备吊装时，吊装物下方 1m 范围内不准站人。

7）拆卸的物品要堆放好，禁止乱堆乱放。

8）作业结束后，作业人员应清扫、整理现场。工作负责人应进行周密检查，确认合格后才可离开。

二、垂直电梯

1. 电梯运行准备

1）站务人员检查电梯厅门周围有无障碍物，保证厅门畅通。

2）查看电梯的楼层显示是否正常。

垂直电梯控制面板如图 2-17 所示。

图 2-17　垂直电梯控制面板

2. 电梯的启动及步骤

电梯的启动及步骤如图 2-18 所示。

3. 电梯的停止及步骤

电梯的停止及步骤如图 2-19 所示。

4. 火灾状况的处理流程

火灾状况的处理流程如图 2-20 所示。

出现火灾情况应采取的措施如下：

1）当电梯发生火灾时，应立即终止电梯运行。

2）及时与消防部门联系并报告有关领导。

3）立即将电梯直驶到基站并切断电源。

4）使乘客保持镇静，组织疏导乘客离开轿厢。将电梯置于"停止运行"状态，关闭厅门并切断总电源。

扫一扫

垂直电梯的
开启和关闭

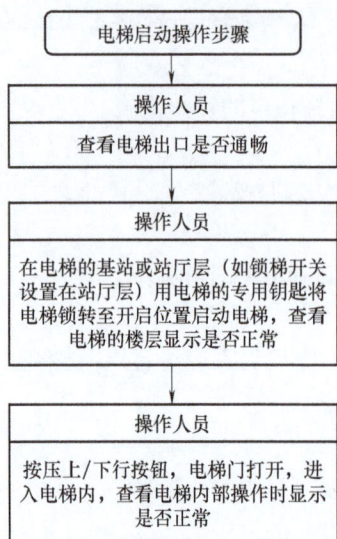

图 2-18　电梯的启动及步骤

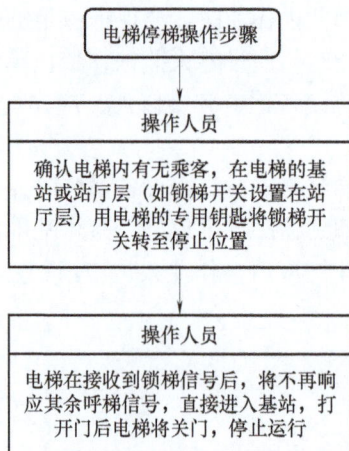

图 2-19　电梯的停止及步骤

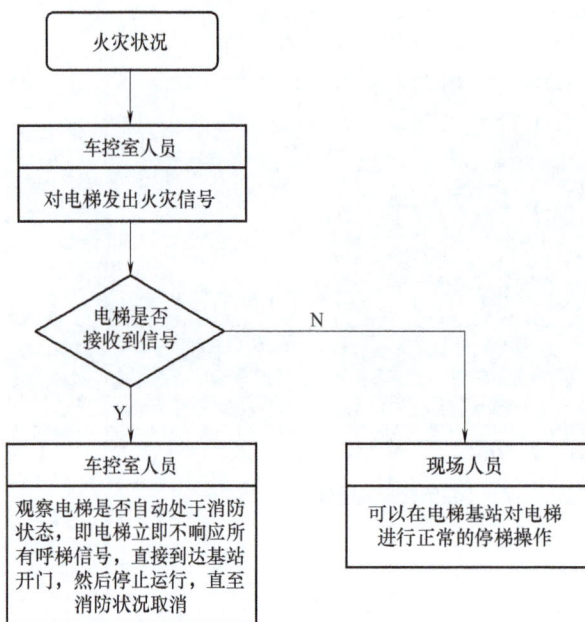

图 2-20　火灾状况的处理流程

扫一扫

车站火灾应急预案

5. 紧急故障处理程序

1）当电梯出现紧急故障时，站务人员要遵循以下操作：

① 首先要停止电梯的运行，再关闭电梯的总电源。完成以上的步骤后，报告维修调度安排维修人员进行维修。

② 电梯运行中因供电中断、电梯故障等原因而突然停驶，将乘客困在轿厢内时，站务人员应安抚乘客，使他们保持镇静，耐心等待救援，并通知专业人员前来救援。

2）垂直电梯困人时现场人员注意事项。如遇电梯困人，不要盲目施救，应立即报车控室，做好隔离措施，疏散围观乘客，尽量安抚被困乘客情绪，严禁无相关操作资格人员打开轿厢门救助；救援人员到达后，应主动说明现场情况并对救援人员提供力所能及的帮助；人员救出后要做好安抚、解释工作，尽量避免乘客投诉。

任务三　二维码电子票的使用

任务目标

1. 了解二维码电子票的使用。
2. 掌握"智能乘车综合业务平台"的总体结构。
3. 掌握二维码电子票的功能。

知识课堂

二维码扫一扫功能受到绝大多数人的青睐和认可，本任务结合郑州"智能乘车综合业务平台"介绍二维码电子票的使用、功能及应急情况的处理。

一、平台整体概况

"智能乘车综合业务平台"以实现郑州地铁互联网电子票务系统网络化运营及 AFC 系统的电子票务管理，为乘客提供快捷、实惠、方便的互联网交通服务为目的，达到地铁乘车的票务电子化、系统化目标，向用户提供手机端 APP，实现二维码（虚拟）票卡服务、在线购票（实体票）、网络清分清算对账、乘客须知等功能，以及其他互联网增值服务。

"智能乘车综合业务平台"的总体结构如图 2-21 所示。

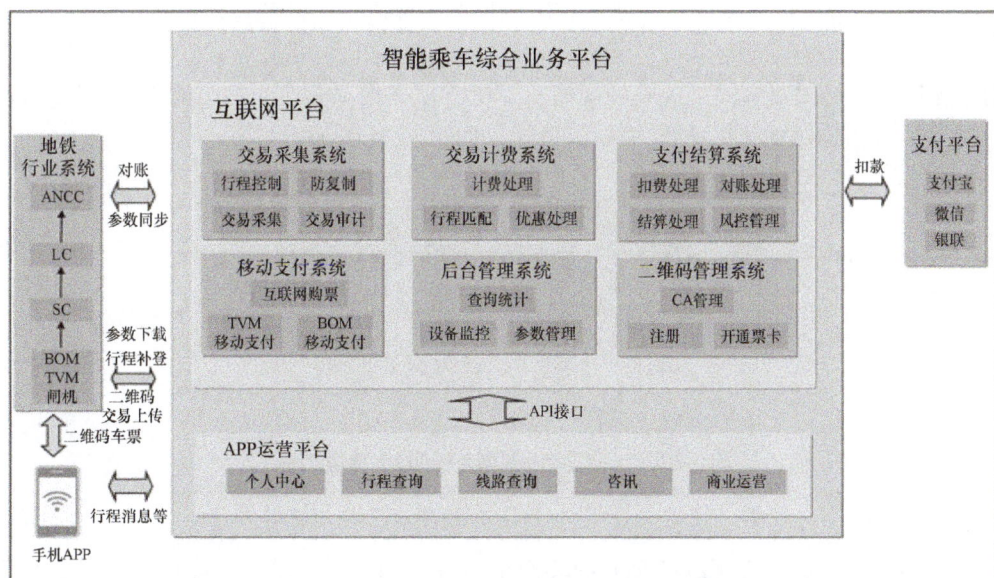

图 2-21　"智能乘车综合业务平台"的总体结构

"智能乘车综合业务平台"分为互联网平台和 APP 运营平台两大系统。

1. 互联网平台

1）互联网平台提供扫码过闸、移动支付购票等基础互联网业务功能，如图 2-22 所示。

图 2-22　扫码过闸及互联网购票

2）支持通过移动 APP 支付功能来完成互联网购票（现场取票）、TVM 移动支付、BOM 移动支付等实体票业务。

2. APP 运营平台

APP 运营平台提供个人中心、行程查询、路线查询、咨询、商业运营等互联网增值业务功能。

二、功能介绍

1. 扫码过闸

扫码过闸取代现有的云闸机。乘客申请开通"二维码票卡"业务，即可使用手机 APP 中的乘车功能生成二维码。手机端生成的二维码可用于进站、出站。

2. 互联网购票

互联网购票取代现有的微信、支付宝网上购票后现场兑票。通过手机上的郑州地铁 APP 完成购票和票款的支付，支付方式为微信、支付宝、银联，乘客凭取票凭证（取票密码），到车站自动售票机上兑取单程票，使用单程票完成进、出站的业务模式。

3. TVM 移动支付购票

TVM 移动支付购票等同于现有的微信、支付宝现场扫码购票。采用乘客"主扫"方式，使用支付宝、微信和银联扫一扫完成扫码付款，如图 2-23 所示。

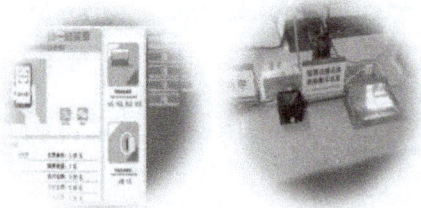

图 2-23　TVM 移动支付购票及 BOM 移动支付

4. BOM 移动支付

BOM 移动支付等同于现有的客服中心现金业务办理。采用乘客"被扫"方式，客服中心岗使用扫描设备，对乘客的付款码进行扫描，以此完成支付。

三、二维码电子票规则

1. 术语和定义

（1）二维码电子票　二维码电子票指由郑州地铁发行的专用电子票，由乘客在郑州地铁指定的 APP 实名注册认证后，使用手机动态二维码刷闸进、出站，出站后通过第三方支付方式扣除车费。

（2）单边　单边指乘客使用 APP 乘车过程中出现进 / 出站交易记录不完整的现象，如非付费区有进站交易无法进站或付费区无进站码无法出站。

（3）补登　补登指使用二维码电子票出现单边交易时，乘客通过手机 APP 或至客服中心 BOM 补全进 / 出站信息后进站 / 出站。

2. 车票使用规定

（1）票制　二维码电子车票仅限单人使用，使用过程遵循 "一人一码""一进一出" 的原则。

（2）车票超时规定　乘客使用二维码电子票刷闸进站后需在 180min 内出站，超过 180min 的刷闸出站时扣本次车费和线网最高单程票价。

（3）车票超程、过期规定　二维码电子车票不涉及超程以及过期。

（4）二维码电子票单边处理规定

1）当乘客使用二维码乘车无法正常进站时，若行程记录中，有 20min 内本站的扫码记录，至客服中心免费处理；当日超过 20min 的，至客服中心进行补登。当乘客无法正常出站时，确认已刷过出站码，发售免费出站票出站。

2）次日运营开始前，郑州地铁 APP 自动给乘客推送上一运营日单边的补登信息，乘客收到补登信息的 5 日内，通过郑州地铁 APP 在线补全出站信息后，系统自动扣除本次车费；因乘客原因超过 5 日未按要求补登信息的，系统将自动扣除本次进站的线网最高单程票价。

3）正常情况下，因乘客原因，1 年内 1 名乘客出现不完整进 / 出站记录后补登超过 5 次（仅限 APP 补登），系统会通知乘客从第 6 次（含）不完整进 / 出站记录起，系统将自动按照记录进 / 出车站的线网最高单程票价直接补扣费用，并给予乘客提醒。

（5）二维码电子车票扣费方式　当乘客进、出闸成功扫码后，APP 将通过乘客绑定的支付渠道扣取本次行程产生的费用，扣费成功后 APP 自动推送信息告知乘客行程和扣费信息。

（6）手机故障等异常情况处理

1）非付费区。乘客在非付费区发生手机没电、故障和遗失等异常情况，无法使用二维码进站的，告知乘客至自动售票机购买单程票或者其他一卡通类票卡。

2）付费区。乘客在付费区发生手机没电、故障和遗失等异常情况，客服中心根据乘客提供的手机号，在 BOM 内核对确认乘客信息后补登出站信息（系统自动扣费且不计入乘客补登次数），给乘客发放免费出站票出站。若系统内查询不到乘客进站信息，按照无票乘车处理。

（7）发票领取　电子发票未上线前，乘客持二维码电子车票乘坐地铁需要报销凭证时，在出闸前向车站索取，车站客服中心确认乘车金额后，发放等额的定额发票。

四、应急情况处理

1. APP 上线异常（网络异常）

部分乘客 APP 出现无法登录、打不开等情况，无法使用二维码过闸时，引导乘客在自助售票机上购买单程票；如果大范围的乘客出现该情况，车站值班站长可视情况通知客服中心售卖单程票。

2. 出站闸机出现大客流

如果当天闸机无法满足乘客需求，为了让乘客快速出站，可以打开边门，按照异常情况车票处理规定进行处理，同时按要求进行汇报。

3. 闸机设备故障等其他票务应急情况

出现其他异常情况时，按照票务应急处理程序进行处理。

任务四　屏蔽门的使用

任务目标

1. 了解屏蔽门的结构和功能。
2. 熟悉各控制级别控制方式。

知识课堂

城市轨道交通站台屏蔽门系统由四大部分组成：门体设备（包括框架、固定门、滑动门——含安全装置、应急门及端门）、门机设备（包括电动机、传动机构、锁紧机构和限位装置）、电源设备（含 AC380V 电源自切箱）和控制系统（含软件和各种传感器），如图 2-24所示。电气控制部分包括门控单元（DCU）、就地控制盘（PSL）、中央接口盘（PSC）、紧急后备控制盘（IBP）、电源以及与信号系统（SIG）、综合监控系统（ISCS）的接口。其主要功能是监视屏蔽门的状态，控制屏蔽门的开和关。

图 2-24　屏蔽门图解示意图

下面以郑州地铁 1 号线为例进行介绍。

郑州地铁 1 号线屏蔽门由滑动门、固定门、应急门和端墙门组成。

一、滑动门

1. 滑动门简介

滑动门是列车对标停稳后与车门相对应的屏蔽门，如图 2-25 所示。

图 2-25　滑动门

扫一扫

安全门系统概述

（1）门头灯显示的意义　门常开时门头灯常亮；门关闭或开启过程中门头灯闪烁，门关闭时门头灯熄灭。

（2）防夹功能　屏蔽门关闭过程中如果遇上障碍物，则会停止关闭 3 ~ 4s 后再次自动尝试关闭，如连续 3 次尝试关闭均失败，则保持常开状态，并且门头灯闪烁。

2. 滑动门编号

站台每侧屏蔽门各门单元的编号形式：从站台上行 / 下行方向头端墙开始往尾端墙方向依次编号，分别为上行 / 下行第 1-1 单元 ~ 第 1-4 单元，第 2-1 单元 ~ 第 2-4 单元，第 3-1 单元 ~ 第 3-4 单元，…，第 6-1 单元 ~ 第 6-4 单元。

3. 滑动门操作

控制级别：手动解锁＞屏蔽门专用钥匙（LCB）操作＞紧急后备控制盘（IBP）＞站台就地控制盘（PSL）＞系统联动，现场手动为最高级别，系统联动为最低级别。当用高级别的方式控制某一屏蔽门时，低级别的控制方式对该屏蔽门无效。

（1）手动操作　手动操作是由站台人员或乘客使用钥匙或推杆手动打开滑动门的操作。当出现控制系统故障、个别滑动门操作机构发生故障、电源故障以及紧急撤离等情况时，乘客可在轨道侧使用推杆打开滑动门，进入站台；工作人员可在站台侧通过钥匙打开滑动门。

（2）手动解锁　用屏蔽门三角钥匙插入钥匙孔顺时针拧动并拉开，如图 2-26 所示。

如何从隧道侧开启：先扳起再拉开，如图 2-27 所示。

（3）LCB 操作　LCB 操作只能对一对滑动门进行操作（图 2-28）。LCB 钥匙孔正常状况下处于自动位。

隔离、手动关门、手动开门状态均对安全回路没有影响，当屏蔽门处于自动位时，滑动门呈打开状态影响安全回路。

（4）火灾运营控制　在火灾等紧急情况下，屏蔽门系统接收从车站控制室内 IBP 发来的命令，本命令属于灾害状态下的紧急开 / 关门命令，优先级比正常运营控制下的操作级别高。每套 IBP 独立控制单侧站台滑动门开 / 关，如图 2-29 所示。

图 2-26   手动解锁示意图

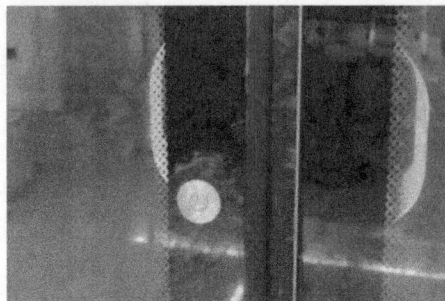

图 2-27   西段屏蔽门

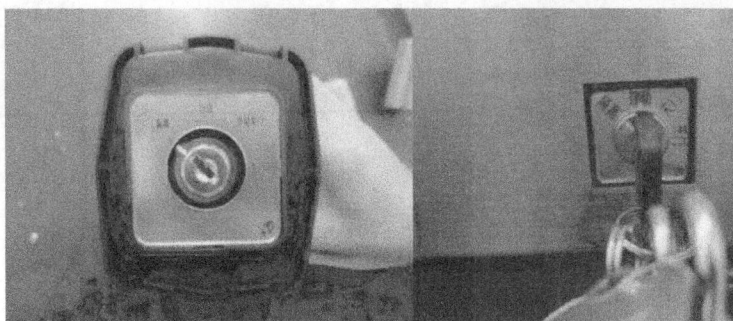

图 2-28   东段屏蔽门与西段屏蔽门 LCB 面板应急门操作

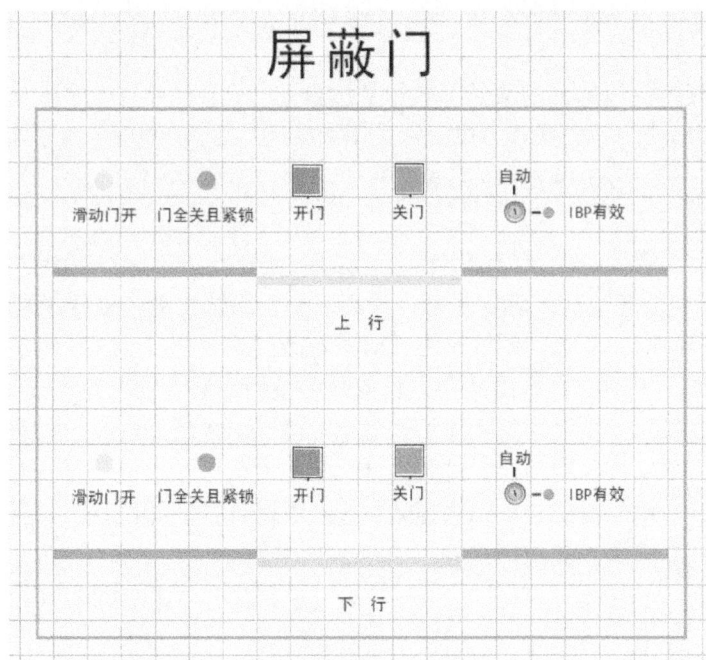

图 2-29   IBP 屏蔽门模块

1）默认操作。在正常情况下，操作允许转换钥匙开关处于"自动"位，整侧滑动门门开时，"ASD 门开"状态指示灯亮；整侧滑动门全关且锁紧时，"门全关且锁紧"状态指示灯亮，"ASD 门开"状态指示灯熄灭。

2）开/关门操作。遇到火灾等灾害状态下，将操作允许转换钥匙开关拨到"允许"位，此时对应侧 IBP 上的"IBP 允许"指示灯亮。

按下"开门"按钮，整侧滑动门打开，对应侧的 PSL 上"门全关且锁紧"指示灯灭，IBP 上"ASD 门开"指示灯亮。

按下"关门"按钮，整侧滑动门关闭，对应侧的 IBP 上"ASD 门开"状态指示灯灭，IBP 上"门全关且锁紧"指示灯亮。

将操作允许转换钥匙开关拨到"自动"位，关闭 IBP 操作控制，对应侧 IBP 上的"IBP 允许"指示灯灭。

（5）**站台级 PSL 操作**　站台级操作是由列车司机或站务人员在 PSL（图 2-30）上对整侧屏蔽门进行的操作。每侧站台门设置一套 PSL，PSL 的放置位置与列车正常停车时驾驶室的门相对，方便司机操作和监视列车乘客门和屏蔽门开/关情况。当系统级控制无法实现时，如信号系统故障、控制系统故障等情况下，列车司机或站务人员使用 PSL 进行操作，实现对屏蔽门的控制。PSL 的操作优先级别高于系统级操作。

1）默认操作。在正常情况下，操作允许转换钥匙开关处于"自动"位，滑动门打开时，"ASD 门开"状态指示灯亮；整侧滑动门全关且锁紧时，"门全关且锁紧"状态指示灯亮，"ASD 门开"状态指示灯熄灭。

2）开/关门操作。将操作允许转换钥匙开关拨到"PSL 允许"位，PSL 上的"PSL 允许"指示灯亮。

按下"开门"按钮，整侧滑动门打开。

按下"关门"按钮，整侧滑动门关闭。

操作完成后，将操作允许转换钥匙开关拨到"自动"位，关闭 PSL 操作控制，此时对应侧 PSL 上的"PSL 允许"指示灯灭。

3）灯测试操作。按下 PSL 上的"灯测试"按钮，PSL 上的所有指示灯应全亮。若某个指示灯不亮，则说明该指示灯故障。

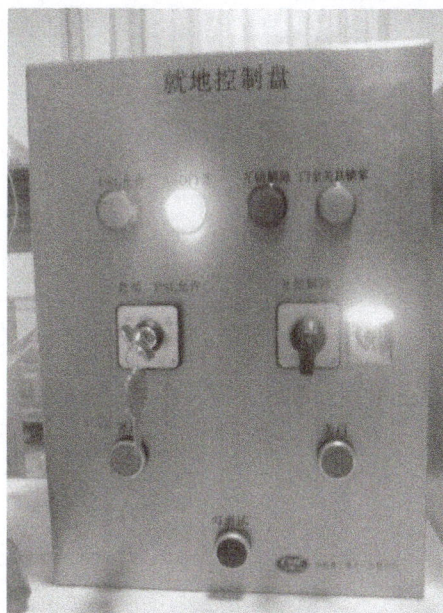

图 2-30　就地控制盘面板

（6）**系统级屏蔽门联动操作**　系统级操作是在正常运行模式下由信号系统对屏蔽门进行控制的操作。

1）开门操作（图 2-31）。列车到站后，司机按下屏蔽门开门按钮，向信号系统发出开门命令。当信号系统确认列车停在允许范围内时，信号系统向屏蔽门中央控制系统发出开门命令，屏蔽门中央控制系统将开门命令传递给该侧站台的每个滑动门单元的 DCU，控制滑动门单元开启。在滑动门单元开启过程中滑动门顶箱上的门状态指示灯不断闪烁，全开时门状态指示灯亮；同时，对应侧的 PSL 上"门全关且锁紧"指示灯灭。当该侧站台滑动门单元打开后，对应侧 PSL 上"ASD 门开"指示灯亮。

2）关门操作（图 2-32）。列车即将离站时，司机按下关门按钮，将关门命令传递给信号系统，信号系统向屏蔽门中央控制系统发出关门命令，屏蔽门中央控制系统将关门命令传递给该侧站台每个滑动门单元的 DCU，所有滑动门单元开始关闭，关门过程中顶箱指示灯

闪烁，蜂鸣器鸣叫，门关闭后顶箱指示灯灭，蜂鸣器不叫。同时，对应侧的 PSL 上"ASD
门开"状态指示灯灭。当该侧站台所有门单元锁紧关闭后，对应侧 PSL 上"门全关且锁紧"
指示灯亮；屏蔽门中央控制系统向信号系统反馈"门全关且锁紧"信号，信号系统将"允许
发车信号"发送给列车，此时列车可以离站。

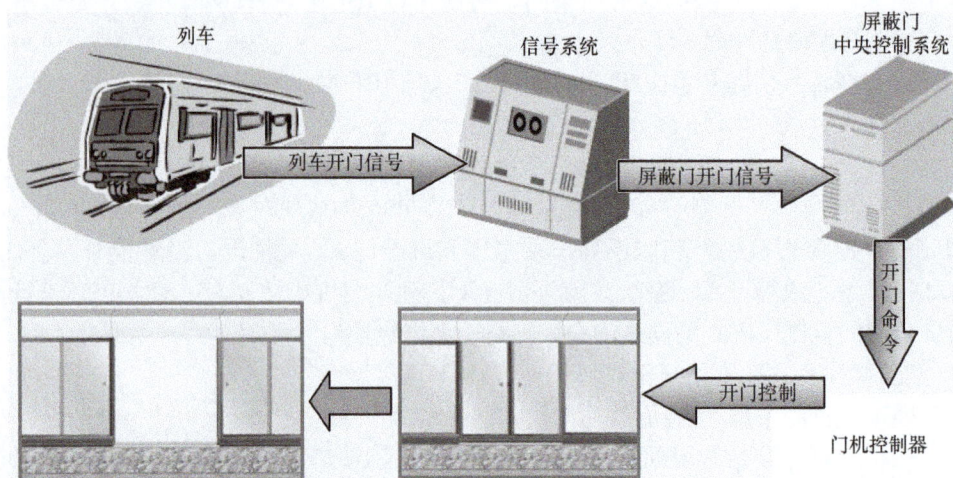

图 2-31　开门控制流程

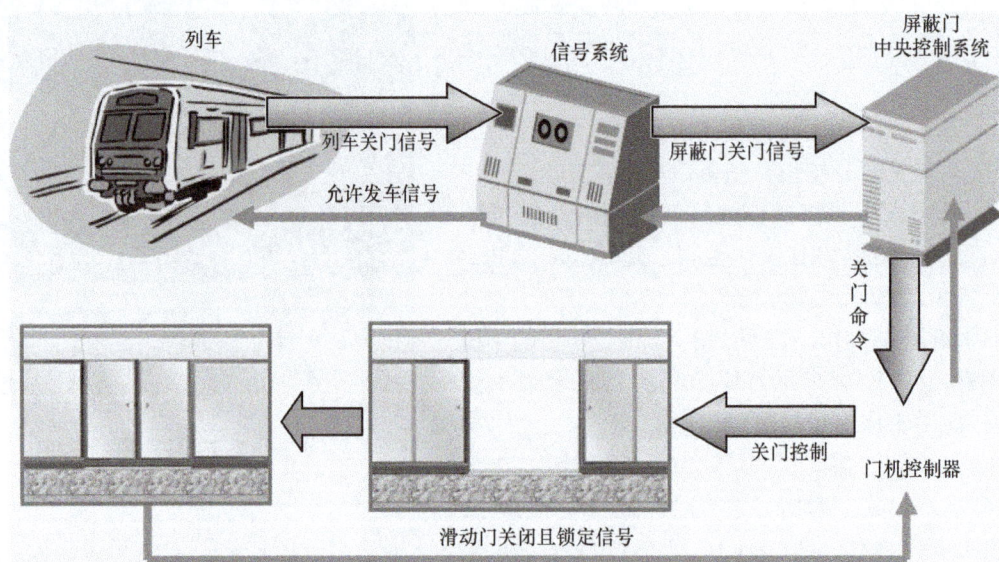

图 2-32　关门控制流程

二、应急门

每侧站台设 3 组 6 扇应急门，应急门为两扇推拉门组合。位置分别在第 1-1 单元与第
1-2 单元之间、第 4-1 单元与第 4-2 单元之间、第 6-3 单元与第 6-4 单元之间。当列车进站无
法对准滑动门时，应急门作为乘客疏散通道，保证列车在站台区域未对准滑动门时至少有 1
个客室门对准应急门，单扇应急门最大开度为 90°，如图 2-33 所示。

图 2-33 应急门

> **小提示**
>
> 应急门是安全回路的一部分，即门开时安全回路断开，门关闭后安全回路接通。因应急门有门头灯，其中一扇应急门被打开时，其对应门头灯会常亮。在列车门与滑动门不能对齐时，使用应急门。在轨道侧设推杆，乘客可使用推杆打开应急门进入站台。在站台侧，工作人员可通过钥匙打开应急门疏散乘客。

三、端门操作

每侧站台头尾端各设有一组端墙门，其开门方法与应急门相同。端墙门并不是安全回路的一部分。日常工作需注意在进、出端墙门后，务必将端墙门关好，否则列车进出站时的隧道风极易导致端墙门因猛烈撞击而破碎。在工作人员进出轨行区或者出现紧急撤离等情况时，可使用端门。在轨行区侧设推杆，可使用推杆打开端门进入站台区。在站台区侧，工作人员可通过钥匙打开端门进入轨行区。

四、维修控制

维修控制是使用单个滑动门门单元维修用的控制开关。当某滑动门门单元在维修时，可以利用维修开关进行开门/关门操作，不影响其他门单元的状态。使用控制开关是通过操作转换开关（LCB）来实现的。

转换开关是控制单个门单元的状态转换钥匙开关，位于每个屏蔽门单元上的滑动门横梁右上角处，可以实现隔离、自动、手动关门、手动开门 4 个状态模式的转换。

（1）自动模式 在正常情况下，钥匙开关处于"自动"位，在系统级、站台级、IBP 控制等模式下，转换开关不起作用。在自动模式下，钥匙开关可拔出。

（2）手动关门/手动开门模式 在非运营期间，维修人员可对滑动门故障进行排除，确认故障是否消除，将钥匙开关拨到"手动开门"或"手动关门"位，检验维修效果，此时系统级控制、站台级控制、车控室 IBP 控制等均失效，钥匙开关不可拔出。故障排除后，将钥匙开关拨回"自动"位，滑动门恢复正常运行。

（3）隔离模式 在运营期间，单个滑动门出现故障，应尽快将钥匙开关拨到"隔离"位，滑动门断电，安全回路旁路，不影响列车正常运营。在此模式下，钥匙开关可拔出。

五、互锁解除

安全回路出现故障，列车无法正常发车时，将互锁解除钥匙插入互锁解除钥匙开关孔，旋动钥匙开关，此时 PSL 上"互锁解除"警告指示灯亮；PSL 将"允许发车信号"发送给列车，此时列车可以离站。待列车发出车站后，才能松开互锁解除开关让其自动复位。

"互锁解除"锁孔：顺时针操作"互锁解除"钥匙拧到右位时强制接通安全回路，互锁解除具有自复式功能。

将 PSL 钥匙插入"互锁解除"钥匙孔，拧到右位并保持，直至列车尾部离开站台 100m 或更远才可松手。注意：松手后钥匙会自动复位。

任务五　车站灭火器及消火栓的使用

任务目标

1. 了解车站灭火器的种类。
2. 了解消火栓的使用方法。
3. 熟悉城市轨道交通车站消防的要求。
4. 掌握地下车站发生火灾时的应急处置要点。

知识课堂

车站是乘客候车、乘车的地方，人员比较集中，结合上述地铁火灾特点，车站应配备完善的消防设施设备，在硬件上保证消防安全。作为车站工作者，站务员应该具备火灾防范知识以及应对初期火灾的能力。如果发生火灾，在消防队赶到之前工作人员要利用消防设施、设备对火势进行控制，尽可能降低火灾带来的损失和保证乘客的生命财产安全。

一、灭火器

在地铁范围内使用的灭火器主要有干粉灭火器、二氧化碳（CO_2）灭火器和泡沫灭火器 3 种。

1. 干粉灭火器及二氧化碳灭火器的使用

1）右手提着灭火器到现场。

2）在距离着火点 5～6m 时，上下颠倒几次。

3）除掉铅封，如图 2-34 所示。

4）拔掉保险销，如图 2-35 所示。

5）站在着火点上风口处，左手握着喷管，右手用力压下压把，左手拿着喷管对准火源根部左右摆动，喷射干粉覆盖整个燃烧区。

2. 泡沫灭火器的使用

1）右手提泡沫灭火器把手，移动到距离着火点 5m 处，整个人蹲下将灭火器放置在地上，双腿一前一后蹲下，用右手握住灭火器喷嘴（喷嘴朝向有火处），左手执筒底边缘。

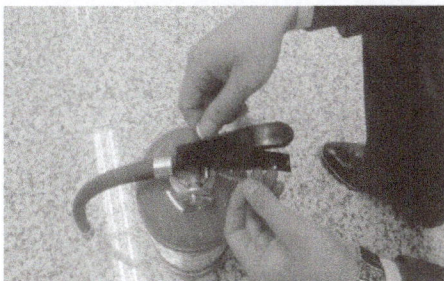

图 2-34　除掉铅封　　　　　　　　　　　图 2-35　拔掉保险销

2）站立起身，把灭火器颠倒过来呈垂直状态，用劲上下晃动几次，喷嘴对准着火点，然后放开喷嘴。

3）右手抓筒耳，左手抓筒底边缘，把喷嘴朝向燃烧区，站在离火源 8m 的地方喷射，并不断前进，兜围着火焰喷射，直至把火扑灭。

4）灭火后，将灭火器卧放在地上，喷嘴朝下，如图 2-36 所示。

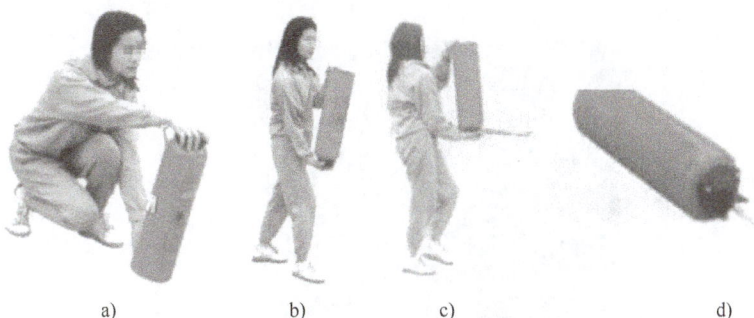

a)　　　　　　b)　　　　　　c)　　　　　　　　　d)

图 2-36　泡沫灭火器的使用

a）手提　b）倒置　c）喷射　d）卧放

二、消火栓

1）第 1 步：遇有火警时，按下门上的弹簧锁，拉开箱门后，压碎消火栓右上角按钮玻璃，如图 2-37 所示。

图 2-37　消火栓使用第 1 步

2）第2步：拉出水带，将水带靠近消火栓端与消火栓连接。连接时将连接扣准确插入槽，按顺时针方向拧紧，如图2-38所示。

图2-38 消火栓使用第2步

3）第3步：一边赶往现场，一边将水带另一端与水枪连接，如图2-39所示。

图2-39 消火栓使用第3步

4）第4步：把消火栓手轮逆时针旋开，即能进行喷水灭火，如图2-40所示。

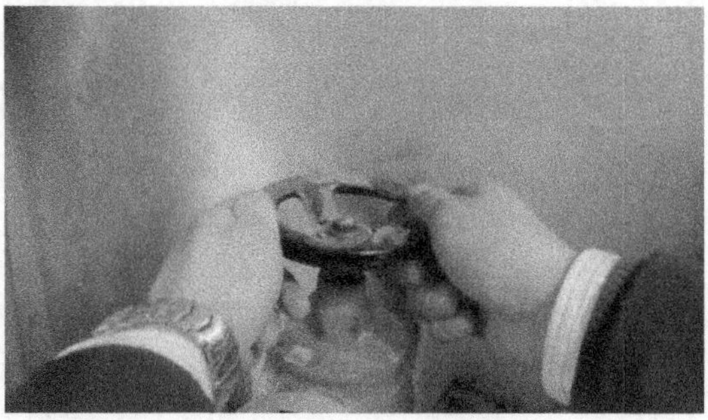

图2-40 消火栓使用第4步

> **小提示**
> 1）电器起火时要先切断电源。
> 2）向火场方向铺设水带，避免扭折。
> 3）注意火场与消火栓的距离，车站内消防水带和消防软管均为 25m。

三、车站消防要求

1）发现火灾时，应迅速准确地报火警，并使用现场灭火器材及时扑救。无论火势大小，只要发现失火，就应报警，报警早损失小。

2）使用就近的灭火器材。

3）尽量在火灾初期展开扑救：一般物体失火，多数为先起烟和火苗。在火势未蔓延之际采用合适的灭火器材扑救是最有效的灭火手段，在明火被扑灭后要观察稍许，防止死灰复燃。带电的物体着火一般应先断电再扑救，以防触电伤人，更不能用水扑救带电的着火物体。扑救电器火灾可使用二氧化碳灭火器和干粉灭火器。

四、地下车站发生火灾时的应急处置要点

地下车站发生火灾时，灭火和乘客疏散难度较大，此处做详细介绍，地面、高架车站发生火灾时的处置可参考借鉴地下车站。

1. 当站台发生火灾时

1）站台工作人员要确认火灾位置、大小及性质，第一时间进行灭火。

2）如果火灾一时扑救不了，关停站台电扶梯，立即向站厅疏散乘客，并拦截进站乘客。

① 如果乘客在起火部位的周围，要以最快的速度选用距地面距离最近的安全出口组织乘客逃生。

② 如果乘客所处的位置在起火点的相反方向，不要向起火点方向靠近，引导乘客向火灾蔓延的相反方向沿着疏散指示标识撤离。

3）当有客车在该站通过时，要做好站台乘客的安全防护。

2. 当站厅发生火灾时

1）站厅工作人员要确认火灾位置、大小及性质，第一时间进行灭火。

2）确认火灾不可扑救后，关停电扶梯，指引乘客疏散出站；指引乘客出站时，要向远离起火点的出、入口疏散，并拦截乘客进站。

3）当站台停有列车时，立即通知列车司机火灾信息，可将站台的乘客疏散到列车上，通知列车司机做好车内广播及时关门开车，阻止车上乘客下车，劝说乘客到下一个车站下车。

课后习题

一、填空题

1. 地铁车站乘降设备一般有（   ）（   ）（   ）和（   ）4 种。

2.（   ）即为自动售检票系统。

3. 环境控制系统由（　　　）（　　　）和（　　　）三部分组成。

4. 在地铁范围内使用的灭火器主要有（　　　）（　　　）和（　　　）3种。

5. "智能乘车综合业务平台"分为（　　　）平台和（　　　）平台两大系统。

6. 城市轨道交通站台屏蔽门系统由（　　　）（　　　）、电源设备和控制系统四大部分组成。

7. （　　　）是由站台人员或乘客使用钥匙或推杆手动打开滑动门的操作。

二、选择题

1. （　　　）是一道自上而下的全封闭玻璃隔断墙，沿着车站全站台边缘设置，把站台区域与列车区域分隔开。

　　A. 屏蔽式安全门　　　　　　　　B. 全高式安全门

　　C. 半高式安全门

2. 导向标识中，蓝色类标识的含义是（　　　）。

　　A. 禁止、停止　　　　　　　　　B. 警告、注意安全

　　C. 指示、指令　　　　　　　　　D. 安全通行类标识

3. 在车站发生大客流时，为了解决车站售票能力不足的问题，在进站时发放给乘客的车票是（　　　）。

　　A. 单程票　　　　B. 纪念票　　　　C. 应急票　　　　D. 储值票

4. 当屏蔽门与信号联锁发生故障时，为了保证列车正常接发，车站需要操作（　　　）。

　　A. 互锁解除开关　　　　　　　　B. 单扇滑动门故障隔离

　　C. 屏蔽门紧急开关　　　　　　　D. 开启应急门

5. 自动售票机的英文缩写是（　　　）。

　　A. AFC　　　　B. BOM　　　　C. TVM　　　　D. AGM

三、判断题

1. 乘客导乘信息系统可以为乘客提供列车到发时间、出行信息和天气预报等多种咨询。（　　　）

2. 二维码电子车票仅限单人使用，使用过程遵循"一人一码""一进一出"的原则。（　　　）

3. 当列车进站无法对准滑动门时，应急门作为乘客疏散通道，保证列车在站台区域未对准滑动门时至少有1个客室门对准应急门，单扇应急门最大开度为180°。（　　　）

4. 当发现电梯有异声、运行异常后，应及时关停电梯。（　　　）

5. 车站通道、站台、站厅和设备管理用房一般只需要设置一般照明即可。（　　　）

四、简答题

1. 当站厅发生火灾时的应急处置要点是什么？

2. 请描述消火栓的正确操作步骤。

3. 自动扶梯的使用注意事项是什么？

4. 在火灾情况下作为客运人员应对垂直电梯采取的措施有哪些？

项目三

城市轨道交通客运服务礼仪与职业道德

学习导入

　　城市轨道交通作为一种现代化的交通方式，虽然是一个庞大和复杂的系统，但轨道交通客运服务工作却十分具体，因为它直接面对广大乘客。客运服务工作是直接反映轨道交通系统运营管理水平的重要标识之一，也是反映城市文明程度的一个窗口。城市轨道交通客运服务人员作为城市轨道交通行业对外窗口的"第一人""第一张脸""第一形象"，其服务水平直接影响乘客对客运服务的满意度、对地铁企业的印象，其礼仪文化的培养和锻炼至关重要。

　　城市轨道交通服务礼仪与职业道德是客运服务人员上岗前必须要达到的基本素养，是轨道交通优质服务的重要组成部分，其主要是指客运服务人员要了解仪容仪表的基本内容，掌握各种标准、优雅的仪态要求，掌握在特定工作条件下的服务礼仪，增强职业道德素养，从而提高客运服务人员个人的内在修养，提升城市轨道交通企业的形象。本项目将对客运服务人员需要具备的礼仪及道德修养进行介绍。

任务一　城市轨道交通服务礼仪概述

任务目标

1. 了解礼仪的地位及其作用。
2. 熟悉服务礼仪的基本内容。
3. 掌握服务礼仪的基本原则。

知识课堂

　　客运服务人员每天面对着各行各业和来自全国各地的乘客，一举一动、一言一行都代表着城市轨道交通企业的形象，其接待礼仪直接影响着乘客对城市轨道交通企业的印象和评价，必须加深客运服务人员对礼仪的认识。

一、礼仪

1. 礼仪的内涵

礼仪是礼和仪的统称，是指在人际交往过程中，人们为了表示尊重与友好而共同遵守的行为规范和准则。

在现代社会里，礼仪是人们在平等互敬的基础上进行交往时用以规范行为、沟通思想、交流情感、促进了解的重要形式，是人的道德修养和文明程度的外在表现，也是建立和谐有序社会的重要保障之一。站在不同的角度，礼仪有着不同层次的解释。

1）从个人修养角度来看，是一个人思想道德水平、内在素质与文化修养的外在表现。

2）从道德的角度来看，是为人处世的行为准则。

3）从交际的角度来看，是人际交往沟通的方法和技巧。

4）从民俗的角度来看，是沿袭下来的待人接物的生活习惯。

5）从审美的角度来看，是人的心灵美的外化。

6）从社会的角度来看，是一个国家社会文明程度、道德风尚的反映。

由此可见，礼仪是一种个人与社会融合的艺术产物。它不仅可以促进人们的社会交往，改善人际关系，又可以协调维护社会秩序，展示社会和谐文明。

2. 礼仪的作用

（1）沟通作用　在人际交往中，热情的问候、友善的目光、亲切的微笑、文雅的谈吐、得体的举止等，可激起人们的沟通欲望，彼此建立起好感和信任，便于促进交流的成功，扩大社会交往。

（2）协调作用　礼仪的准则规范会约束人们的言行，规范立身处事的行为，可避免交往双方发生某些不必要的感情对立与矛盾冲突，很好地协调人与人、人与社会之间的关系，使人际关系更加和谐，社会秩序更加有序。

（3）教育作用　礼仪作为一种社会规范，潜移默化地影响和教育人们按照礼仪要求去做，同时通过社会舆论纠正不良的行为习惯。我国已经把礼仪教育的内容融进了公民道德建设的系统工程，礼仪教育也成为各大高校文明建设的"排头兵"，可增强大学生的素质教育。

（4）塑造作用　礼仪在行为美学方面指导着人们不断地充实和完善自我，并熏陶着人们内在的心灵，使人们的谈吐变得越来越文明，装饰打扮变得越来越富有个性，举止仪态越来越优雅，并符合大众的审美原则，体现出时代的特色和精神风貌。

（5）维护作用　在维护社会秩序方面，礼仪起着法律所起不到的作用。社会的发展与稳定、家庭的和睦安宁、邻里的和谐、同事之间的信任与合作等，都依赖于人们共同遵守的礼仪规范与要求。

二、服务礼仪

1. 服务礼仪的基本理念

服务礼仪通常是指各服务行业人员所必备的素质和基本条件，要求服务人员在工作岗位上应该严格遵守的行为规范。

客运服务是城市轨道交通企业在车站为乘客提供时间和空间位移服务、保障安全的活动。城市轨道交通作为公共服务性行业，为乘客提供优质、高效和安全的服务是基本目标，而其从业人员面对来自不同区域、不同层次的乘客，怎样做到规范服务、礼仪服务呢？这就要求城市轨道交通运营企业必须专门培训客运服务人员的服务礼仪，使客运服务人员与乘客接触的过程中，做到注重仪表、仪容、仪态和语言、操作的规范，发自内心地热忱地提供主动、周到的服务，让乘客感受到服务中尊重与友好的态度和服务人员良好的风度与素养。

城市轨道交通客运服务礼仪是指运营企业员工在工作岗位上通过言谈、举止等对乘客表示尊重的行为规范，它是轨道交通优质服务的重要组成部分，不仅有利于员工提高个人的内在修养，而且能够提升城市轨道交通运营企业的形象。

2. 服务礼仪的基本原则

城市轨道交通客运服务礼仪应该遵循平等、尊重、真诚、适度、宽容和自律的原则。

（1）**平等原则**　平等相待是礼仪的核心和基础。对任何服务对象都要满腔热情、一视同仁，以礼待人，不能因身份而区别对待，决不能有任何看客施礼的意识。

（2）**尊重原则**　将对乘客的重视、恭敬、友好放在第一位，不论对方的地位高低、身份如何、相貌怎样，都要尊重他的人格。敬人之心常存，处处不可失敬于人。

（3）**真诚原则**　社交生活要求真诚相待、言行一致，不能虚情假意、口是心非，只有如此，才能表达出对乘客的尊敬与友好，才会更好地被对方所理解、所接受。

（4）**适度原则**　适度要求做到注意技巧，合乎规范，把握分寸，认真得体。既要彬彬有礼，又不能低三下四；既要热情大方，又不能轻浮诌谀；既谦虚，又不拘谨。

（5）**宽容原则**　"己所不欲勿施于人"，多体谅他人，多理解他人，既要严于律己，更要宽以待人，学会与服务对象进行心理换位，而不要求全责备，咄咄逼人。

（6）**自律原则**　各种类型的人际交往，都应当自觉遵守现代社会早已达成共识的道德规范和礼仪修养，随时检查自己的言行举止是否符合礼仪的规范要求，做到自我约束、自我控制、自我反省。

🔍 **特色亮点**（举例）：**礼仪形象，不可或缺**

琳琳大专毕业后被招聘到所在城市轨道交通运营企业某站做一名客运服务人员，可是她到公司报到后没有被安排上岗工作，而是让她参加仪容仪表仪态的礼仪培训，从服务人员接人待物、言谈举止、礼仪形象等方面进行学习。琳琳表示很不理解，这些东西日常都接触过，觉得自己挺好的，而且只要做好本职工作就行了，还有必要专门进行培训吗？

半年后，琳琳和新的一批员工一起参加培训，她后悔地说道，当初觉得这个礼仪培训没什么用处，没有认真听，导致自己这半年在工作岗位上经常犯错误，还和乘客闹情绪耍脾气，被投诉过，工作服务评分也一直最低。后来默默地观察了好多老同事在工作中的表现，才意识到自己错在哪里啦。一个良好的礼仪不仅是个人修养的体现，更是企业文化的体现，工作上无时无刻的动作、神态表情、态度等都展现着你具备什么样的职业素养，体现着企业的服务水平和服务质量，必须加倍重视。

任务二 城市轨道交通客运服务基本礼仪

任务目标

1. 了解仪容仪表的基本要求。
2. 掌握各种仪态的基本内容和要求。
3. 熟悉运用各种服务礼仪，增强服务意识。

知识课堂

作为城市轨道交通客运服务人员，注重仪容、仪表、仪态，不仅可以展示良好的形象、精神修养，同时也是尊重乘客的重要表现。每一位客运服务人员都是礼仪大使，在工作中都应承担起服务大使的责任，以主人翁的精神，通过良好的仪容、仪表、姿态、表情和态度等为乘客提供优质的服务。

一、仪容规范

仪容即容貌，包括面容、发饰和手部等。良好的仪容是客运服务人员个人素质的真实写照，也体现了对乘客的尊重。城市轨道交通客运服务人员要注重仪容修饰，扬长避短，做到形象端正、整洁自然，展现个人的美好形象。

1. 面部修饰

面部修饰的原则：形象端正、干净卫生、自然大方，见表3-1。

表3-1　仪容礼仪的面部修饰

部位	修 饰 要 求
脸	及时清洁面部，注意用面巾纸等清洁面部的油脂，做到无泪痕、无汗渍、无灰尘等；还应注意及时清理眼角、鼻孔、耳朵、口角、牙缝等处细微的残留物
眼睛	保证眼角无分泌物、无睡意、不充血、不斜视、清爽明亮；在与人交往、工作中不戴墨镜或有色眼镜；女性不用人造假睫毛，不画烟熏妆和浓眼影
耳朵	做好清洁，保证耳朵内、外干净，无耳屎，不佩戴夸张的耳环，男性不佩戴耳钉等
鼻子	保证鼻孔干净，不流鼻涕，鼻毛不外露；不要当众擤鼻涕、挖鼻孔，更不能戴鼻环
胡子	男性不可以留胡须，每天要刮胡子，保持嘴部周围干净
嘴	口中无异味、嘴角无脏污；交流时不嚼口香糖；上班时不吃刺激性食物；女性不用深色或浓重口红，可适当用淡色唇彩或唇膏，保持唇部红润
牙齿	牙齿整齐洁白，无食品残留物；吸烟的男性定期除掉牙齿上的尼古丁痕迹

2. 发部修饰

发部修饰的原则：洁净整齐、长短适中、发型得体、美观大方，见表3-2。

3. 手部修饰（图3-3）

1）经常保持手部清洁，常用护手霜，以保护手部润滑。
2）指甲的长度要适当，要经常修剪，指甲长度以从手心看不超过指尖 2mm 为宜。

表3-2 仪容礼仪的发部修饰

发部整洁	头发保持顺滑、干净、清爽、整齐；注重头发的养护、清洗、梳理，夏季要勤洗头；男性要根据自己头发长出的程度勤理发，女性根据情况而定	
发型选择	男性	长短适中，前发不过双眉，侧发不掩耳，后发不及衣领，不留大鬓角，不剃光头，不选择太新潮的发型（图3-1）
	女性	长发束起盘于脑后，高度不低于后衣领，保持两鬓光洁，无耳发；短发使用发胶定型，不得给人以蓬乱的感觉；刘海可卷可直，必须保持在眉毛上方（图3-2）
发型整理	发型应适合自己的脸型、风度；工作时按照规定梳理发型，不得梳理怪异发型；严禁漂染色彩鲜明的头发	
发饰帽子	男性的帽檐与眉毛保持水平，不露头帘；女性的帽檐在额头的1/2处，不露出刘海，两侧不留耳发，发花与帽子边沿相贴合；发饰为黑色或深蓝色，且无花色图案的发卡	

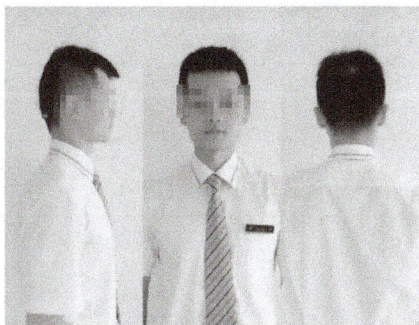

图3-1 某客运男服务员的发型要求

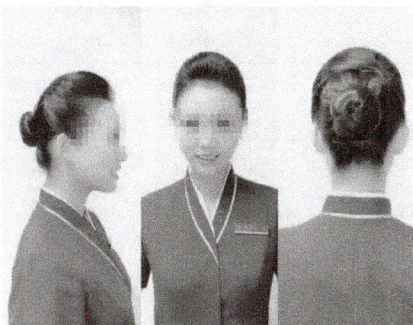

图3-2 某客运女服务员的发型要求

3）不做美甲，可以涂指甲油但应以肉色透明为主；吸烟的男性要除掉手上的尼古丁痕迹。

4）手腕除了手表不带其他饰物，且手表要简单朴素，不戴夸张、卡通、工艺类的手表。

4. 化妆修饰

（1）化妆修饰的原则 脸部化妆一方面要突出面部五官最美的部分，另一方面要掩盖缺陷或不足的部分。化妆的原则如下：

1）自然淡雅：客运服务人员上岗之前要求化淡妆，即不要有明显化过妆的痕迹。底妆厚重、色彩过白、眼线过重等都会让乘客感到不自然。

图3-3 手部修饰图

2）扬长避短：职业妆应适当展现自己的优点，将自己面部不太满意的部位通过化妆技巧进行弥补，达到美观、自然、和谐的效果。

3）整体协调：化妆要参考职业、年龄、性格及五官特点等因素，职业妆应使整个妆面协调，并且应与全身的装扮协调，与所处场合、自己身份等协调。

（2）化妆的禁忌

1）化妆的浓淡要根据时间和工作场合来选择。

2）勿当众化妆，勿在工作岗位上化妆。

3）勿使妆面出现残缺或离奇出众。

（3）化妆步骤及注意事项（表 3-3）

表 3-3 化妆步骤及注意事项

基 本 步 骤	注 意 事 项
清洁皮肤	选择合适的洁面乳清洁皮肤
涂护肤水、乳	用手将水—乳—霜依次涂抹在脸部，进行弹拍使其吸收，滋润皮肤
打粉底	① 选择适合自己肤色的粉底 ② 用粉扑或手指取适量粉底涂抹均匀，注意面部与脖子的衔接 ③ 底妆要达到调整肤色、遮盖瑕疵、光亮皮肤的效果
画眉毛	① 眉笔的颜色与自己眉毛颜色相近，切不可将眉毛画成一条重重的黑色 ② 顺着眉毛生长的方向进行描画，最后用眉刷定型，如有渣毛要注意修剪
画眼妆	① 画眼影时，不同深浅的色彩，自眼睑下方至上方，由深至浅渐次画上 ② 画眼线时将眼皮抬起，从眼头至眼尾，由细至粗 ③ 涂睫毛时，先用睫毛夹将睫毛夹弯再刷睫毛膏，注意防止晕染
上腮红	① 腮红应涂在微笑时面部的最高点，均匀晕染 ② 腮红要量少要淡，微显皮肤红润即可
涂唇彩	① 唇彩的颜色要与工作场合相符 ② 使用白色唇膏来保持唇部湿润，使唇膏颜色保持持久

二、仪表规范

仪表是一个人精神风貌、内在气质的外在综合表现，包括人的形体、容貌、姿态、服饰等方面，具有重要的自我表达功能。乘客常常会凭借一个人的服饰来判断这个人的身份。作为一名客运服务人员，着装应规范整洁、注意细节。着装是客运服务人员留给乘客的第一印象，也是获取乘客信任的第一步。

1. 服饰礼仪的基本原则

（1）TPO 原则 T（time）是时间原则，服装的穿着要做到随时间、季节而更替；P（Place）是地点原则，特定的地点环境需要配以相适应、相协调的服饰；O（Occasion）是场合原则，在选择服装时，必须与特定的场合气氛相吻合。

（2）整体性原则 正确的着装能起到修饰形体、容貌等作用，形成和谐的整体美。服饰的整体美感，包括人的形体、内在气质和服装色彩、质地、工艺及着装环境等。

（3）应己的原则 着装要符合自身的条件和特点，主要包括：服饰样式应与自己的年龄和性格、职业相符；服饰颜色与肤色要协调；着装时应考虑到自身的形体，展示所长，遮掩所短；保持整洁性，衣服不能有污渍，不能有开线、破洞的地方，衣领和袖口尤其要注意整洁。

2. 客运服务人员的服装要求

制服标识着自己的职业特色，制服的设计考虑了穿着者从事的职业和身份，与环境相配，同时具有一种美的内涵。城市轨道交通客运服务人员的制服既代表着自己的职业形象，也展示出企业的精神面貌。乘客看着穿制服的工作人员如同看着这个企业，因此，在穿着制服时要注意自己的仪容仪表，使自己的形象、举止符合制服应表现出的形象。

（1）制服的穿着要求和规范

1）外观整洁：制服平整挺括、完好无损、干净卫生、无异味，避免褶皱。

2）文明着装：制服应大小合身，避免穿着过分裸露、薄透和过分瘦小的服装。

3）搭配得当：配饰搭配以少而精为主，色彩、款式不超过 3 样，体现出落落大方。

（2）制服穿着注意事项

1）穿着制服禁忌：一忌西裤过短；二忌衬衫放在西裤外面；三忌不扣衬衫扣；四忌抬臂时制服袖子长于衬衫袖；五忌制服的衣裤袋内鼓鼓囊囊；六忌领带太短、太长；七忌制服外套一粒扣子都不扣；八忌制服配便鞋（休闲鞋、球鞋、旅游鞋、凉鞋等）。

2）女性制服穿着禁忌：露、透、紧、乱、脏、短、破、皱。

3）在车厢或车站范围内，时刻牢记自己穿着制服，代表企业，言谈举止要符合礼仪规范。即使不当班，穿着制服也要按规定穿戴整齐。

4）在穿制服时不宜佩戴过多的饰品，每次佩戴不超过 3 件，工作时不能佩戴项链、珍珠项链等较夸张的饰物，饰品要简洁大方。

5）只能佩戴一枚戒指，戒指最宽处不超过 5mm，需要佩戴的手表款式要自然简单，不宜佩戴卡通表、广告表等。

6）工号牌佩戴应端正、不能歪斜，佩戴在左胸上方，工号牌下端与左胸的口袋上口平齐。

（3）制服的穿着 客运服务人员的制服如图 3-4 和图 3-5 所示，具体穿着标准见表 3-4 和表 3-5。

图 3-4 客运服务人员的制服（一）

图 3-5 客运服务人员的制服（二）

表 3-4 男性制服穿着标准

整体要求	合体，整洁挺括，熨烫平整，搭配得当，整体色彩控制在 3 色以内，鞋、腰带以黑色为佳
衬衫	穿统一发放的衬衣，或以浅色为主，白色最常用 衬衫下摆须束在裤内，袖口必须扣上，不可卷起 衬衫领口、袖口无污迹；不系领带时，衬衫领口应敞开 制服的扣子要全部扣上
领带	佩戴统一发放的领带，用领带夹在衬衫第 4 扣位置固定领带 领带紧贴领口正中，长度以在皮带扣上、下缘之间为宜 领带的领结要饱满，与衬衫领口吻合
西服口袋	口袋尽量不放物品，名片、笔等轻薄物品可放在外套左侧内侧口袋
西裤	西裤与上装相协调，长度以触到脚背为宜，盖住鞋面即可 裤线熨烫好，裤扣扣好，拉链拉好
鞋袜	穿黑、深蓝、深灰色等深色袜子，袜筒要足够高 制服必须配皮鞋，颜色为深色，鞋面保持光亮清洁

表 3-5　女性制服穿着标准

服饰选择	办公室女性服务人员着装以套装为宜。职业套装的颜色应淡雅庄重，与工作环境相协调，如黑色、藏青色、深灰等
衬衣	衬衣平整挺括，与套装相配，穿统一发放的衬衣，或纯色的衬衣，如白色、米白色、淡蓝色以丝绸、纯棉的面料最好，衬衫下摆须束在裙内或裤内
裙子	以窄裙为主，裙子下摆可在膝盖以上 3～6cm，但不可太短；中老年女性裙子下摆在膝盖以下 3cm 左右；裙内应穿衬裙
丝巾、领花	丝巾要和套装颜色相搭，围巾以丝绸质为佳 女性客运服务人员要佩戴统一发放的领花
配饰	首饰、胸花等配饰应与个人气质、制服相配，要求质地、做工讲究，款式简洁精致、大方，要具有整体美感
鞋袜	鞋子为高跟或中跟鞋，款式简单；保持鞋面光亮、清洁 穿裙装时，必须穿连裤丝袜，不穿着挑丝、有洞或补过的袜子，颜色以黑色或肉色丝袜为宜

三、仪态规范

俗话说，坐有坐相，站有站相，人们在交谈中的一个眼神、一个动作、一个表情，都能体现出其修养和气质，服务人员在为其服务对象提供服务时，优雅的坐、立、行、走、表情都能起到良好的作用。

1. 表情

在与乘客交往中，工作人员的面部表情可以给人们最直接的感觉和情绪体验。当表情与语言、行为表示一致时，就会拉近工作人员与乘客间的距离。

（1）目光　眼神能准确地表达人们的喜怒哀乐等感情，服务人员应学会正确地运用目光，为乘客创造轻松、愉快、亲切的环境与气氛，消除陌生感，缩短距离。

客运服务人员在与乘客交谈时，目光要正视乘客的眼部，视线要与乘客保持相应的高度，表现出诚恳与尊重、礼貌，对乘客的凝视时间不应超过 30s，切不可长时间盯着对方或反复上下打量，也不可以对人挤眉弄眼，或用白眼、斜眼看人。最佳的目光凝视区域：以双眼连线为上限，以唇心为底点所形成的倒三角区域，如图 3-6 所示。

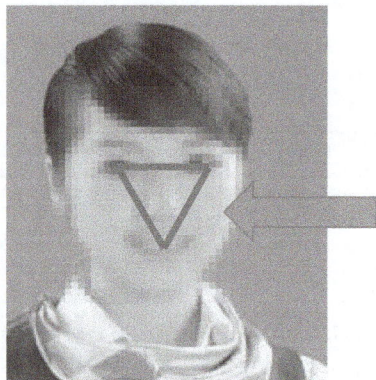

图 3-6　目光的凝视区域

（2）微笑　笑是人类最美好的表情。作为客运服务人员，自然流露、发自内心的微笑才是乘客需要的微笑，也是最美的微笑。服务人员在微笑中不仅可以充分、全面地体现自信热情、尊重，而且能表现出温馨和亲切，给乘客留下美好的心理感受。

面部表情和蔼可亲（嘴角微翘（以上翘150°为好），嘴唇微启，伴随微笑自然地露出 8 颗牙齿，微笑时真诚、自然亲切、善意、充满爱心；口眼结合，嘴唇眼神含笑，如图 3-7 所示。切忌露出缺乏诚意、强装的笑脸，避免"皮笑肉不笑"。

2. 站姿

（1）标准站姿　　正确优美的站姿会给人以挺拔向上、舒展俊美、庄重大方、亲切有礼、精力充沛的印象，如图 3-8 所示。

1）男性：站立时，两脚自然分开约 60°（最多与肩同宽），身体重心放在两脚中间，头要正，颈要直，抬头平视，挺胸收腹不斜肩，两臂自然下垂，双手中指分别放于裤缝处或右手搭在左手上。

2）女性：双脚脚跟靠拢在一起，脚尖分开呈 V 字形，双目平视前方，面带微笑，颈部挺直，挺胸收腹，腰直肩平，双肩舒展双臂放松，双手自然下垂或交叉于腹前（右手搭在左手上，拇指放于手心处）。

图 3-7　微笑服务

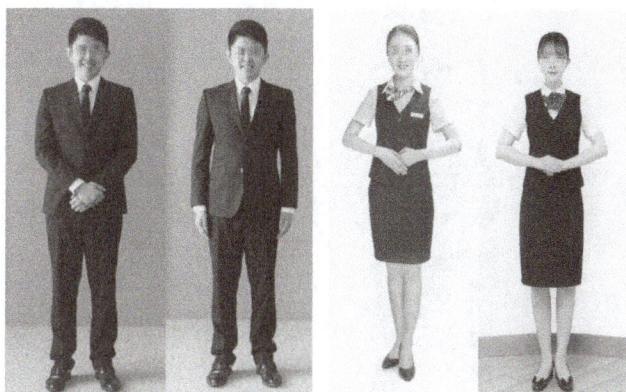

图 3-8　标准站姿

（2）站姿禁忌（图 3-9）

1）两腿交叉站立。

2）双手或单手叉腰。

3）双臂交叉抱于胸前或倒背双手。

4）双手插入衣袋或裤袋中。

5）身体抖动或晃动或倚靠桌椅。

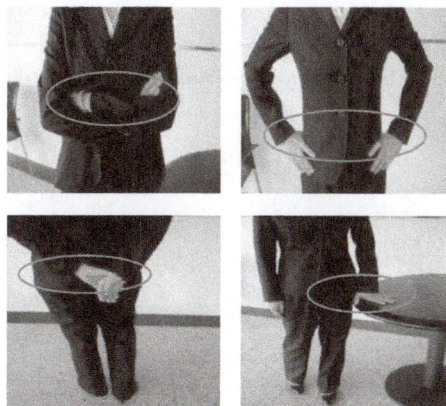

图 3-9　错误的站姿

3. 坐姿

（1）坐姿标准 城市轨道交通客运服务中，优雅的坐姿可通过站务员的票务工作体现出来，其坐姿要求如图 3-10 所示。

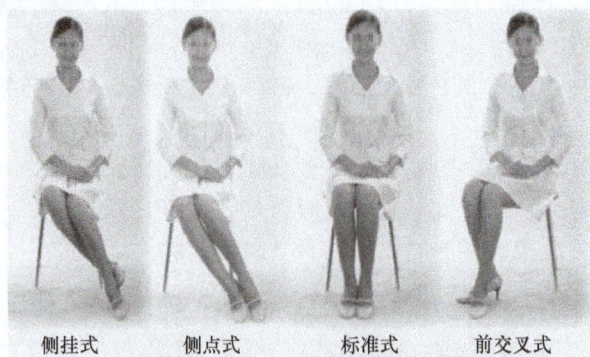

侧挂式　　　　侧点式　　　　标准式　　　　前交叉式

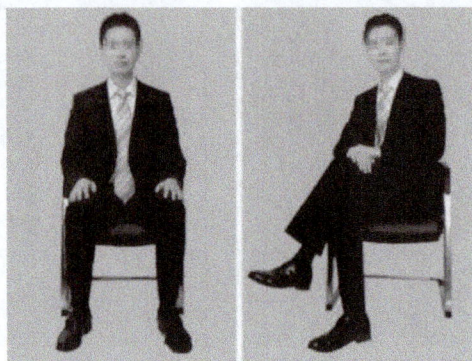

标准式　　　　　　　交叉式

图 3-10　男性、女性坐姿示范图

1）入座要轻稳。

2）从左侧入座，用右脚测试椅子的位置。

3）入座椅子的 2/3 左右，脊背轻靠椅背；女士着裙装入座时，要用双手把裙摆扶拢后再坐下。

4）入座后，腰部挺直，上身正直，双肩放松，双臂自然放在膝上。

5）头正嘴角微闭，下颌微收，双目平视前方。

6）离座要自然稳当，右脚向后收半步，然后起立，站定后才可离开，动作轻缓，无声无息。

（2）坐姿禁忌（图 3-11）

1）坐时前倾后仰、歪歪扭扭。

2）双腿不停地抖动，甚至鞋跟离开脚跟在晃动。

3）坐下后脚尖相对，或双腿拉开呈"八"字形，或将脚伸得很远。

4）高架二郎腿。

5）双脚搭到椅子、沙发和桌子上。

图 3-11　不优雅的坐姿示范

6）双手放在两腿之间，或放于臀部下面。

4. 行姿

行走是客运服务人员的基本活动之一，展现了轨道交通客运服务人员的基本形象。在工作中行走，应遵循一定的礼仪，注意步态优雅，精神饱满，体现出自尊自爱和以礼待人。

（1）行姿标准　挺胸收腹、腰背挺直，两眼平视前方，两臂自然摆动，不要外八字或内八字，身体各部位保持动作和谐使自己的步调一致。客运服务人员要走成直线，步幅适当，速度均匀（一般 60～100 步 /min），如图 3-12 所示。

男服务员要显得坚定、豪迈，女服务员要显得轻盈、优雅。

（2）行姿禁忌

1）走路时肚子腆起，身体后仰，手臂左右式横着摆动。

2）走路时左右摇摆或摇头晃肩，脚迈大跨步，身子上下摆动。

3）脚尖出去方向不正，呈明显的外八字或内八字。

4）走路时耷拉着眼皮或低着头走。

5）手臂、腿部僵直或身板僵硬，只摆小臂。

6）脚步拖泥带水，蹭着地走。

7）正式场合，手插在口袋里、双臂相抱、倒背双手。

图 3-12　行姿示范

5. 蹲姿

在客运服务中，客运服务人员经常是处在动的状态，除了站、坐之外，对掉在地上的东西，弯腰蹲下将其捡起时，更需要注意良好的素质和优雅的动作。

（1）蹲姿标准　站在所取物品的旁边，一脚前一脚后，弯曲双膝，不要低头且双脚支撑身体，女性要双腿并拢男性两腿可适度分开，蹲下时要保持上身的挺拔，体态自然，如图 3-13 所示。

（2）蹲姿禁忌（图 3-14）

1）行进中突然下蹲。

2）双腿岔开蹲下。

3）背对他人、正对他人蹲下。

4）女性着裙装下蹲时毫无遮饰。

图 3-13　蹲姿示范

图 3-14　不优雅的蹲姿

6. 手势

在客运服务中，介绍乘客、引领乘客、指引方向、票务服务和清点人数等工作都需要使用规范的手势。手势的恰当运用，配合眼神、表情和其他姿态，结合礼貌的用语，能与乘客进行良好的沟通，也有利于树立大方得体的美好形象，见表3-6。

表3-6　客运服务的规范手势运用

动　作	手 势 要 求	示　范
指引	在引路、指示方向时，五指并拢，小臂带动大臂，小臂与地面保持水平。根据指示距离的远近调整手臂的高度，身体随着手的方向自然转动。千万不可单指指向对方	
致礼	采用站姿，身体其余部位不动，双手上、下叠放置于腹部，上身前倾30°，向乘客行礼致意，中间保持微笑，配以致礼语，如"谢谢、您走好……"	
握手	握手时面带微笑，右边胳膊自然向前伸出，手掌向左，四指并拢，掌心和地面保持垂直，自然放松，上身稍微前倾，头部略低下，平视对方，五指轻轻地握住对方手掌，微微抖动3~4次，然后松开。握手时间控制为3~5s；握手遵循"长者为先、女士为先"的原则	
递物接物	递交物件时，应双手奉上以表示对对方的尊重，保持站姿，面带微笑，双手将物件交至对方手中，可配以礼貌语。接收他人物件时也应采用相同的姿势	

> **特色亮点：制服礼仪，形象窗口**
>
> 　　小罗以优异的成绩从学校毕业，从众多竞聘者中脱颖而出，成为某地铁公司的工作人员。为了熟悉地铁的服务工作，领导安排她先在自动售票机入口处协助乘客购票。小罗知道在地铁站工作是要穿制服的，可她的制服还没有发下来，这穿什么呢？小罗心想：反正没有制服，随便穿吧！于是，小罗穿着时常穿的一件T恤和一条迷你裙，还特意戴上了男朋友祝贺应聘成功而赠送的项链和耳环，高高兴兴地来上班了。和平时一样，地铁人来人往，乘客陆陆续续走了进来。小罗很有礼貌地与乘客打招呼，但是乘客们都对她不理不睬。小罗看到一位50岁左右的阿姨犹豫地站在售票机前，似乎不知道该怎么购票。小罗热情地迎上去，说："阿姨您好！请问您要购买到哪里的票卡？"阿姨抬头看了小罗一眼，竟然转身走了，很快客运值班员带着阿姨回到售票机前，帮她买好了票，并说："对不起！阿姨，这位小罗是我们新来的同事，我马上让她去换工作服装，让您受惊了，真是对不起！"小罗很是惊讶，乘客竟然把自己当成了坏人。

任务三　城市轨道交通客运服务沟通礼仪

任务目标

1. 掌握服务用语规范。
2. 掌握电话、问询、引导礼仪规范。
3. 能熟练运用服务沟通礼仪，提高服务质量。

知识课堂

　　轨道交通客运服务沟通礼仪是客运服务人员在工作岗位上通过言谈举止等对乘客表示尊重和友好的行为规范，是轨道交通优质服务的重要组成部分。客运服务人员在工作中将会遇到各行各业的乘客、各种各样的问题，必须掌握一定的沟通服务技巧和专业的职业素养。

一、服务用语礼仪

　　客运服务人员在与乘客接触的整个过程中，始终离不开双方的语言交流。对于客运服务人员而言，语言运用、表达能力，既能体现客运服务人员的服务水准，又能体现企业文化。所以，客运服务人员在自己的工作岗位上服务于人时，必须自觉遵守有关服务用语的规范，还要注意交流的表情、态度、内容和表达方式等。

1. 服务用语规范

　　1）服务语言应使用普通话（只有当对方使用方言时，服务人员才可用相应的方言提供服务），口齿应清晰，语调柔和，语气亲切，音量适中，内容简洁明了。同时，应掌握与服务岗位相关的简单英语会话，提倡使用双语服务。

2）问候乘客时，要适当地运用称呼，表示对乘客的尊敬。

> 如"您、您老、先生、女士、小朋友"等。

3）用词用语礼貌文雅，坚持使用敬语、委婉语、致歉语等表示尊敬、温暖、谦和的语言。

> 服务时使用："请、劳驾、欢迎、谢谢、再见"等；表示歉意时使用："对不起、非常抱歉、请原谅、不好意思"等。

2. 服务的态度

客运服务人员要端正态度，全心全意为乘客服务。在与乘客交流中，表情要大方自然，态度诚恳，面带微笑，用心倾听，全面服务。

（1）全面服务　接待乘客要文明礼貌，纠正违章要态度和蔼，处理问题要实事求是；热心接待乘客，耐心解决问题，虚心接受意见，认真细心工作；主动迎送，主动扶老携幼、照顾重点，主动解决乘客困难，主动介绍乘车常识，主动征求乘客意见。

（2）重点照顾　对老、弱、病、残、孕及怀抱婴孩或其他有特殊困难的人，应体贴照顾、热情周到，满足乘客的特殊需要，在提供帮助前应先征得他们的同意，免得让别人误认为在添乱。

（3）五种态度　在服务过程中，规范服务用语，以亲切柔和的口吻，以热情、主动、诚恳、负责、文明礼貌的态度对待每一名乘客。注意语言、语气、情绪、声音等，坚决杜绝在服务中出现不热情、不耐烦、不主动、不负责和不尊重的态度。

二、电话礼仪

电话是最常用的通信工具之一，电话交往虽然"只闻其声，不见其人"，但却能给对方留下完整、深刻的印象。在日常工作中，客运服务人员必须掌握正确、礼貌的接打电话方法。

（1）准备工作　在打电话前，将要说的事情简单整理，并且准备好纸和笔，便于随时记录有用的信息。打电话应选择恰当的时间、地点和场合。一般来说，早上8:00之前或晚上10:00之后均不适宜打工作电话，否则会妨碍对方休息。此外，要考虑打电话的地点是否安静，打电话时对方是否方便等，嘈杂的环境和不分场合的电话注定不会有好的效果。

（2）接听电话　尽量在电话铃响3声之内，带着微笑迅速接起电话说出"您好"，让对方在电话中也能感受到热情。接电话后应主动报上姓名或单位，吐字清晰。如果是打出电话，应注意控制通话时间，言简意赅地把事情说清楚；如果是接听乘客电话且对方谈话内容很长时，必须给予回应，如使用"是的、好的"等来表示在认真听。

（3）结束通话　结束电话交谈时，要感谢对方的来电或接听，用积极的态度感谢对方。一般应当由打电话的一方提出结束，然后彼此客气地道别，说一声"再见"再挂电话，不可只管自己讲完就挂断电话。

三、问询、应答与引导礼仪

1. 问询礼仪

在车站客运服务中，乘客经常会问询乘车线路、如何购票充值、洗手间位置、遗忘的物品等，客运服务人员应注意以下几点：

1）当乘客问询时，客运服务人员应面带微笑正视他，并彬彬有礼地进行回答。若在行走时遇到有人问询，应立即停下脚步主动关切地询问，以示客运服务人员的诚恳和亲切。

2）解答乘客问询时，不知道或不确定的事不要信口开河，敷衍应对乘客。应把乘客带到问讯处或有关岗位去咨询，直到乘客满意为止，力求做到问询工作的善始善终。

3）在问询服务中，应尽量做到百问不厌、百问不倒。应积累丰富的知识，包括熟练掌握本岗位的业务基础知识，多总结、积累、了解其他相关岗位的业务知识。对交通、旅游购物、餐饮、住宿、医疗等相关延伸知识也应多收集，这样才能帮乘客之所需。

4）乘客要求找人、找物时，车站记录好乘客的找人、找物信息，立即向行车调度员汇报，请行车调度员将此信息通报各站，发动各站进行寻找，并请乘客留下姓名、地址和联系电话，以便联系。

2. 应答礼仪

在服务的过程中，工作人员必须及时回应乘客的询问并提出解答时所表现出的礼仪行为，即应答礼仪。在涉及应答礼仪时要注意下列细节：

1）应答乘客询问时要站立回答，站姿要标准，目视乘客，注意力集中，聆听乘客的问题，尽量做到边听边做记录，给乘客一种备受重视之感。

2）应答乘客提问时，语言要精简、准确，语气温和。

3）在服务时，遇到讲话含糊不清、语速非常快的乘客，要委婉、礼貌地请乘客重复一遍，不能凭主观臆断，给出含糊或者错误的解答。

4）遇到很多乘客询问时，应沉着冷静，严格按照先后顺序，分清轻重缓急，逐一作答，不能只顾一位乘客，要兼顾多方，必要时巧妙地运用眼神和微笑对每一位乘客予以照顾。

5）对于乘客提出的无理要求或某些问题不在自己权限范围内的，需要平静处理，或婉言拒绝，或委婉回答，切不可与乘客针锋相对。需要时，可立即报告上级进行处理。

6）对于乘客的当面批评与指责，如果属于工作人员的疏忽所致，应先安抚乘客情绪并且进行道歉，其次对乘客的关注和提出的问题表示感谢，并立即报告上级进行处理。

3. 引导礼仪

引导礼仪是指客运服务人员用正确的引导方法和引导手势，指引并带领乘客到达目的地的礼仪，如图 3-15 所示。引导方法如下：

（1）走廊引导法　客运服务人员站在目的地附近，通过手势向乘客指明方向；若是在行走中引导，应站在乘客两三步之前，走在乘客的左侧。

（2）楼梯引导法　引导乘客上楼时，应让乘客走在前面；若是下楼，则是客运服务人员走在前面，乘客在后面，上、下楼梯时应注意乘客的安全。

（3）电梯引导法　引导乘客进电梯时，客运服务人员先进入电梯，手势请乘客进入，等乘客进入后关闭电梯门，到达时按开按钮，让乘客先走出电梯。

图 3-15　出口处引导乘客

🔍 **特色亮点：文明乘车推广日**

郑州地铁将每月 11 日定为"文明乘车推广日"，进一步延伸服务内涵，扩展文明引导新领域，扩大文明服务新范围。开展乘客面对面活动、文明乘车宣讲活动，进行文明乘车知识问答。传递文明、安全的出行信号；开展出入口非机动车的综合整治行动，全方位提升地铁口周边环境；携手当地小学联合举办文明乘车推广日活动，小学生们通过在站台积极引导乘客文明乘车，向广大出行的乘客宣传安全出行小知识，宣传文明乘车理念；开展志愿服务，与各个大学联合成立地铁志愿者队伍，积极开展爱心搬运、路线指引、站台引导、重点乘客帮扶等爱心志愿活动；新型冠状病毒疫情期间与医院联合开展应急小常识、安全乘车方面的培训，发放出行安全轶事，提高市民安全出行意识。

任务四　城市轨道交通职业道德

🔖 任务目标

1. 了解职业与职业道德。
2. 掌握职业道德修养提升的途径与方法。
3. 熟悉城市轨道交通职业道德。

🔖 知识课堂

客运服务人员是城市轨道交通行业基层工作人员，是服务效能的直接体现者，其职业道德对城市轨道交通行业的经营成果起到重要作用，对行业整个职工队伍的素质有很大影响。在任何情况下，客运服务人员都要秉承"乘客至上、服务为本"的服务理念，要很好地展现城市轨道交通客运服务人员的职业素养，塑造良好的企业形象。为了提高客运服务人员的职业素养，需要组织其进行相关专业知识的学习。

一、职业道德的基本规范

1. 职业

职业是指人们由于社会分工和生产内部的劳动分工，长期从事的具有专门业务和特定职责，并以此作为主要生活来源的社会活动。它是对人们的生活方式、经济状况、文化水平、行为模式和思想情操的综合反映，也是一个人权利、义务、职责和社会地位的表征。

从事某种职业时，人需要接受特定的职业训练，掌握特定的劳动方式，然而，做好职业工作，却不是一个简单的运营知识和技能的问题。在职业活动中，每一个职业从业人员都会面临着这样一些问题：如何履行自己的职责、如何运用自己的职权、用什么态度对待工作等，这里每一个问题的解决都与职业道德有关。

2. 职业道德

职业道德是职业生活领域的道德，是与人们的职业活动紧密联系的、具有自身职业特征的道德原则及规范的总和。无论从事什么职业，无论在职业生活中担任什么角色，在职业生活中都应遵守职业道德，这是社会进步和个人职业生涯发展的基本要求。

职业道德的内涵是指从事一定职业的人在职业生活中应当遵循的具有职业特征的道德要求和行为准则，也是人们经过职业活动实践和职业道德理想、意志、情感培训所达到的表现在职业工作上的道德品质状况，涵盖了从业人员与服务对象、职业与职工、职业与职业之间的关系。它既是对本行业人员在职业生活中行为准则的要求，又是本行业人员对社会所承担的道德责任和义务。随着现代社会分工的发展和专业化程度的增强，市场竞争日趋激烈，整个社会对从业人员职业观念、职业态度、职业技能、职业纪律和职业作风的要求越来越高。

二、职业道德修养

职业道德修养是指从业者在职业活动中，经过自我教育、自我改造、自我陶冶和自我提高的过程形成的职业道德品质和境界。提升职业道德修养的目的是把职业道德原则和道德规范贯彻落实到职业活动中，调节自己的职业行为，做到言行一致、知行统一，在实践中形成具有自己职业特色的高尚的道德情操和崇高的职业境界。

1. 职业道德修养的过程

职业道德修养的过程主要包括强化职业道德认识、陶冶职业道德情操、锻炼职业道德意志、坚定职业道德信念和养成职业道德行为习惯 5 个基本环节。

（1）强化职业道德认知　职业道德认知是产生职业道德情操、锻炼职业道德意志、形成职业道德行为的基础。只有正确认识了自己的职业，才会产生强烈的职业认同感和责任感；只有掌握了职业道德知识，职业道德修养才会有明确的方向。每名职业者必须坚持不懈地学习和锻炼，结合自己所学专业知识和所做的实际工作，努力掌握适合本职岗位的职业道德原则和规范。

（2）陶冶真诚的职业道德情操　职业道德情操是随着人们的职业道德认识而产生发展的内心情绪体验，包括正义感、责任感、荣誉感和幸福感等，可以对职业者的职业活动产生巨大的调节作用。作为一名职业人员，只有培养真诚的职业道德情操，才会真正从内心热爱自己所从事的职业，提高服务本领、技能，尽心尽力尽责地做好本职工作，全心全意地为人民群众服务，为社会做贡献。

（3）锻炼坚强的职业道德意志　职业道德意志是指人们在履行职业道德义务过程中所表现出的自觉克服困难、排除障碍，做出抉择的力量和坚持精神。只有具备坚强的职业道德意志，才能自觉抵制市场经济条件下各种腐朽思想、不良风气的诱导，保持高风亮节，形成高尚的职业道德品质。因此，是否具备坚强的职业道德意志是衡量职业者职业道德素质高低的重要标识。

（4）树立坚定的职业道德信念　树立坚定的职业道德信念是职业道德认知、情操和意志的有机统一，是职业者提高职业道德修养的中心环节。职业者一旦形成了某种坚定的职业道德信念，就会以持之以恒的精神和对工作精益求精的态度，坚贞不渝、百折不挠地履行自己的职责和义务。

（5）养成良好的职业道德行为习惯　对于职业道德的形成来说，职业道德认知是前提，情感是动力，信念是核心，行为是最终结果，职业道德修养就是要把职业道德原则和规范贯彻落实到行为中，以养成良好的职业道德行为作为归宿。职业道德行为习惯的养成离不开职业技能的学习与提高，只有具备了精湛的职业技能，职业者的职业道德认知、情操、意志和信念才有用武之地。

2. 提升职业道德修养的方法

（1）重视学习　作为新时期的城市轨道交通客运服务人员，树立终身学习的理念是紧跟时代的一种必然要求，也是提高职业道德修养的基本途径。努力学习科学文化知识和专业技能是做好本职工作的基本条件，也有利于城市轨道交通客运服务人员树立科学的世界观、价值观和人生观，明确职业道德修养的目标，提高职业道德修养的自觉性，同时应该向现实生活中的道德榜样和典范学习。身边的榜样和典范往往生动、具体、形象，影响来得更直接，能帮助客运服务人员净化心灵，激发职业道德情感，增强职业道德责任心。

（2）做到内省和慎独　学习和内省紧密联系，只学习不内省，学习再多也无益处，难以有品德上的提高；只内省不学习，也很难提高道德认识。内省，即要求职业者要有强烈的修身意识和自我提高的愿望，在日常生活工作中，依据道德要求和规范不断认识自我、反省自我、改造自我，才能最终完善自我，才能成为一名具有良好职业道德素养的轨道交通客运服务人员。慎独，是指在独自一人没有外界监督的情况下，坚守自己的道德信念，自觉按照道德要求行事，不做违背道德的事。实行的是自我监督、自我约束，强调的是高度的自觉性。一个人真正做到慎独是很不容易的，需要经历长期的磨炼。

（3）勇于实践　任何高尚的道德品质都是在长期的职业实践和社会实践中逐步形成和发展起来的。城市轨道交通客运服务人员良好的职业道德品质的养成，归根到底就是按照城市轨道交通职业道德的原则和规范，正确处理职业活动中的个人-他人-社会的利益关系，而这种关系本身就是在职业活动实践中产生和表现出来的。只有在职业实践中人们形成相互之间的道德关系，才能认识是非、辨别善恶，培养良好的职业道德修养。

（4）积善行德　高尚的道德品质和道德人格不是一夜之间能够养成的，它需要一个长期积善的过程，通过积累善行和美德，使之巩固强化，逐渐凝结成优良的品德。职业道德修养是一个长期的过程，客运服务人员只有在平凡的日常工作生活中，从点点滴滴做起，坚持不懈，才能逐步形成高尚的道德品质，达到道德的理想人格。如果平常连一件有利于社会和他人的小事都做不到，那么就不会有强烈的责任感和无私奉献的精神，高尚的职业道德品质也就无从谈起。

三、城市轨道交通行业的职业道德

城市轨道交通职业道德是社会主义社会对城市轨道交通提出的行业道德要求，是城市轨道交通客运服务人员在运营生产活动和与此有关的工作中应该遵守的行为规范的综合。

1. 城市轨道交通职业道德的基本要求

作为城市交通的新动脉，城市轨道交通行业承载着乘客便捷出行、推动经济发展、展示城市形象的多重使命。首先，城市轨道交通属于交通运输业，是国民经济的重要组成部分，它与政治稳定、经济发展和社会进步有着重要关系。其次，城市轨道交通拉近了城市各个角落的距离，连接了社会四面八方的桥梁，作为社会主义精神文明的窗口，作为城市形象的一个窗口，作为公共服务型产业，服务于社会也服务于群众，影响甚为广泛。因此，城市轨道交通客运服务人员的职业道德水平影响到城市轨道交通的服务质量，既影响本行业的经济效益和社会效益，也影响其他行业的发展，从侧面反映了一个城市的形象、一个地区政府的工作情况。

从上可知，城市轨道交通的性质、作用和任务决定了城市轨道交通职业道德的基本要求是：坚持社会主义经营服务方向，适应时代政治、经济和社会发展需要，符合社会主义精神文明建设的基本要求，树立高尚的职业道德观念，满腔热情地为社会、为群众提供优质服务，最大限度地满足经济建设、社会发展和人民生活的需要。

2. 城市轨道交通职业道德的重要作用

（1）维护作用　城市轨道交通职业道德的确立，可以使客运服务人员明确自己的职业义务和责任，以良好的道德行为调节与乘客之间的关系，共同维护好乘车秩序。城市轨道交通服务过程中，职业道德还起着维护乘客的利益、维护企业信誉的重要作用。

（2）规范作用　城市轨道交通职业道德对客运服务人员正确选择道德行为有着重要的约束力。它规范了列车司机、服务人员、调度员、管理人员的言行举止，使他们在服务工作中有章可循、受到约束，提供高质量的服务。

（3）调节作用　职业道德的调节作用表现在调节客运服务人员与乘客、客运服务人员之间和企业与社会的关系，通过调节可使各种关系围绕提高企业的社会效益协调发展。

（4）激励作用　城市轨道交通客运服务人员以高尚的职业道德、熟练的职业技能为广大乘客服务，可以使乘客感到温暖，从而支持、理解客运服务人员，激励客运服务人员加倍努力工作。特别是当客运服务人员为了维护企业的荣誉、严守职业道德规范而忍受委屈时，这种激励作用更加明显。

（5）衡量作用　在职业活动中，以职业道德为衡量的标准，可以对那些不顾乘客的利益和企业的荣誉、不讲职业道德的极少数站务员进行教育和帮助，甚至处罚。这是维护企业信誉必不可少的。

3. 城市轨道交通行业职业道德的主要内容

（1）敬业爱岗、忠于职守　敬业爱岗、忠于职守是城市轨道交通客运服务人员职业道德的一个基本要求。每一名客运服务人员都要热爱城市轨道事业，充分认识本职工作的意义，在自己的岗位上始终保持高昂的工作热情、积极的劳动态度，忠于职守、尽职尽责，把劳动成果转化为成功的阶梯。而且城市轨道交通行业作为公共服务型行业，客运服务工作繁重，员工必须有强烈的服务意识，即树立为人民服务的观念，这既是城市轨道交通在竞争中取得优势的基础，也是服务人员热爱本职、忠于职守道德品质的表现。

（2）文明礼貌、热情服务　城市轨道交通行业以运营服务为中心的经营指导思想和以服务为本、乘客至上的经营宗旨，决定了客运服务人员的职业道德必须以全心全意为乘客服务为核心。作为客运服务人员应以文明礼貌的态度、以满腔热情对待乘客，处处关心和维护乘客的利益，及时为乘客排忧解难，努力为乘客提供最满意的服务，使他们既受到人格的尊重，又使他们的需求得到满足，让每一位乘客从服务中感受到社会的温暖，感受到城市轨道交通客运服务人员的热情和社会责任感。这就成为客运服务人员职业道德的一个中心内容，也是客运服务人员职业道德的基本要求。

（3）遵章守纪、实事求是　遵章守纪是企业信誉和自身形象的重要体现。作为职业化的客运服务人员，必须认真学习行业内的相关法律法规及企业内部的规章制度，自觉遵守各项操作规程和职业纪律，严格按照企业的各项规定行为，自觉抵制社会不良风气影响和非正当利益的诱惑，否则必然会给城市轨道交通企业造成不良影响。在任何一个岗位上，从自身做起，遵章守纪，让一些管理制度通过自己的行动具体体现出来，实事求是、务实高效、公正平等地对待每一位乘客和同事，培育良好的形象和优良的工作作风。

（4）**仪表端庄、站容整洁**　客运服务人员的仪表和城市轨道交通车站的整洁是广大乘客对城市轨道交通的第一印象。城市轨道交通客运服务人员要在职业活动中表现出良好的形象，必须做到着装得体和仪态得体、仪表端庄，让乘客有种亲切感，同时在城市轨道交通运营十分繁忙的情况下，也要保持整洁优美的车站环境。这对创造舒适的乘车环境、保护乘客的身心健康、树立良好的服务信誉、展现城市轨道交通企业精神文明风貌，具有十分重要的意义。

（5）**钻研业务、提升自我**　随着社会的发展，城市轨道交通服务已从简单劳动发展为融服务意识、服务知识和服务技巧为一体的综合活动。服务工作看似简单，不用什么知识也能干，其实不然，没有一定的业务知识和技巧，如何处理矛盾、如何解答乘客问询等。因此，客运服务人员要立足岗位职责要求，在工作中主动学习，提高认识，用心钻研业务，熟悉沿线地理环境，掌握相关政策法规和处理矛盾的方法，学习方言、手语和英语会话等，了解一些心理学知识和服务技能，这对提高服务质量非常重要。

（6）**顾全大局、团结协作**　城市轨道交通运营线网纵横交错、紧密相连，运行环境变化比较大，涉及的部门多，工种繁杂，一个环节出现问题时，相关岗位、部门的工作就付之东流了。为了让乘客更舒服、安心，各部门、各工种、各职工之间应该相互尊重、相互支持、取长补短、团结互助，共同发展。因此车组和客运服务人员都必须服从城市轨道交通全局的总体安排，做到勇挑重担，密切合作，保证运行畅通。能否顾全大局、团结协作是衡量城市轨道交通职业整体职业道德素质的重要标准。

🔍 **特色亮点：疫情防护，一路随行**

2020年新型冠状病毒肺炎疫情的爆发，一切让人措手不及。郑州地铁公司临危不乱，合理调度人员坚守岗位，根据当前疫情防控形势，对车站、车厢实施全面消毒；全天开启全新风模式，加强车站及车辆通风设备维护保养；取消了单程票售票，避免乘客间的间接接触。同时，车站严格落实乘客佩戴口罩措施。通过站、车广播及温馨提示、PIS系统等渠道加强乘客防护宣传，在安检点由专人提示乘客全程佩戴口罩，对不戴口罩的乘客采取劝离措施；在乘车过程中发现佩戴口罩不规范的乘客及时提醒。郑州地铁员工的认真坚守，就是最好的防疫，每一个工作人员忠于职守、尽职尽责，全力保障广大市民的安全出行。

📖 **课后习题**

一、单项选择题

1. 作为客运服务人员，引导乘客时，应走在乘客的（　　）。
   A. 前面　　　　　　B. 后面　　　　　　C. 左前方　　　　　　D. 右前方
2. 乘客问询乘车线路，如果客运服务人员不知道，应该说（　　）。
   A. "对不起，我不清楚，你问问其他工作人员"
   B. "对不起，我不清楚，我帮你问询下其他工作人员"
   C. "对不起，我不清楚，你自己手机上网查查"
   D. "对不起，我不知道"

3. 在与人交谈时，应该注视对方的（　　）才不算失礼。

A. 上半身　　　　　　　　　　B. 双眉到鼻尖、三角区

C. 颈部　　　　　　　　　　　D. 脚

4. 涉外服务礼仪中正确的是（　　）。

A. 在谈话中，可以询问收入、年龄等

B. 在具体礼节上，要过度热情

C. 可以随意评价他人、大声争辩

D. 忌姿势歪斜、手舞足蹈、以手指人、拉拉扯扯

5. 握手时间控制在（　　）为宜，不宜长时间握手。

A. 1～3s　　　　B. 3～5s　　　　C. 4～7s　　　　D. 5～8s

6. 站立是人们日常交往中一种最基本的举止，正确的站姿要求是（　　）。

A. 头正，双目平视，平和自然，站立端正

B. 躯干挺直，收腹挺胸，弯腰

C. 双脚随意放置

D. 双臂放松，可曲可直

二、多项选择题

1. 服饰礼仪中的 TPO 原则是指（　　）。

A. 时间　　　　　B. 地点　　　　　C. 场合　　　　　D. 应己

2. 客运服务礼仪的主要内容包括（　　）。

A. 仪容礼仪　　　B. 语言礼仪　　　C. 仪表礼仪　　　D. 仪态礼仪

3. 服务人员在面对过分挑剔、胡搅蛮缠、提出无理要求的客户时，应该保持应有的风度，以下（　　）的行为是不可行的。

A. 保持冷静，以静制动　　　　B. 理直气壮

C. 当众指责和拒绝　　　　　　D. 不理不睬

4. 服务人员在岗时应做到（　　）。

A. 精神饱满　　　B. 端庄大方　　　C. 举止文明　　　D. 动作规范

5. 城市轨道交通职业道德的作用有维护作用、（　　）和衡量作用。

A. 激励作用　　　B. 规范作用　　　C. 控制作用　　　D. 调节作用

6. 客运服务人员的无声语言服务有（　　）。

A. 表情　　　　　B. 目光　　　　　C. 点头致礼　　　D. 微笑

三、判断题

1. 服务人员就座时，如果条件允许最好从椅子的左侧入座。（　　）

2. 服务人员在工作时应当画淡妆，若妆弄花了，可以在任意场合补妆。（　　）

3. 为了表示自身的修养和对女性的尊重，见到女性时应抢先伸手与女性握手。（　　）

4. 男性客运服务人员在正式场合穿着正装时，鞋子最好为黑色的，袜子应该选择深色的。（　　）

5. 在客运服务工作当中，应当注意对待不同国家的旅客应尊重其不同的礼仪、风俗及习惯，以免造成不必要的麻烦。（　　）

6. 客运服务人员对于乘客的问询有义务给予正确的解答，若无法解答的，有责任将乘客引导到能够解决问题的地方或安排其他人为其解答。（　　）

四、案例分析题

1. 乘客由于 5 元纸币不能在自动售票机上购票，找到一位客运服务人员后说："麻烦帮我买张票。"但服务人员态度强硬地说："自己到售票机上去买。"乘客向服务人员说明自己拿的是 5 元的，自动售票机不收取。该服务人员冷漠地对乘客说："你没有 10 元、20 元的呀？"最后，服务人员很不情愿地帮乘客在 TVM 上买了票。

问题：该客运服务员的做法对吗？为什么？如果你是一名客运服务人员，碰到这种情况，你会怎么做？

2. 某天，一位乘客带着孩子在站台上候车，孩子刚喝完饮料，乘客随手将饮料瓶扔在了地上，给孩子擦完嘴后，又随手将纸巾扔到地上。此时，客运服务人员上前制止，要求其将饮料瓶和纸巾放进垃圾桶里，并且嘀咕道：真没素质，孩子还在身边呢，以后怎么教育小孩。这位乘客听到了很不乐意，和客运服务人员争吵了起来……

问题：针对本案例，分析客运服务员的做法正确吗？如果你是服务人员，你将怎么做？

城市轨道交通车站客运服务

学习导入

　　城市轨道交通客运服务是轨道交通为乘客提供的活动，是服务人员与乘客之间的联系，是一种过程活动。客运服务人员须掌握相关的票务服务、站厅服务和站台服务的相关规范，正确、恰当地将相关要求应用于实际的工作中，进而提高服务的水平和质量。本项目将主要介绍与轨道交通客运有关的服务内容。

任务一　客运服务的基本要求

任务目标

1. 熟悉城市轨道交通客运服务工作的基本内容和仪容仪表。
2. 熟悉城市轨道交通客运服务人员的行为举止标准。
3. 掌握客运服务人员的相关要求。

知识课堂

城市轨道交通客运服务的基本要求主要涉及基本内容、仪容仪表和行为举止等。

一、服务的基本要求

1. 客运服务总要求

客运服务总要求有仪表端庄、用语文明、服务周到、作业标准、环境整洁。

2. 客运服务的"四到"

客运服务的"四到"具体内容如下：

（1）心到　精神高度集中，随时应对异常。

（2）话到　主动提醒乘客安全候车，礼貌疏导客流，及时制止乘客的违章行为。

（3）眼到　密切注视乘客情况及列车运行状态。

（4）收到　遇到影响乘客安全或车站服务的情况，应立即采取应对措施。

3. 客运服务的"三多"

客运服务的"三多"说明如下：

（1）多巡视　按车站巡视要求，加强对站厅购票乘客和车站候车乘客的巡视。

（2）多观察　对设备和乘客动态要多观察，及时处理异常情况。

（3）多提醒　主动提醒乘客安全候车、有序乘车。

4. 客运服务处理的方式、方法

客运服务处理的方式、方法包括以下 3 个方面：

（1）易地处理　将乘客请至房间内或僻静处处理，尊重乘客。

（2）易人处理　必要时，交与其他同事处理。

（3）易性处理　原则性与灵活性有机结合。

二、仪容仪表和着装的要求

客运服务标准是车站服务工作应达成目标的衡量尺度，也是车站服务管理的主要依据。

仪容仪表和着装的标准包括下述内容：

1）上班时间应按规定统一穿着工作制服，佩戴领带（领结）、工号牌、工作帽（票亭、车控室、设备区当班员工可视情况不佩戴工作帽）。工号牌要戴在左胸前口袋上沿中部，工号牌下沿与左胸前口袋上沿平行，并保持 1～2cm 的距离。工号牌要正戴，不得歪戴、反戴，彩（绶）带佩挂于左肩上，如图 4-1 所示。

图 4-1　客运服务人员着装

扫一扫

仪容仪表

2）着制服时，应衣着整洁，不缺扣，不立领，不卷袖挽裤。上装要保持干净、无皱褶（注意毛发、灰尘），口袋内不装多余东西。裤子干净，裤线整齐。衬衣干净，无皱纹，领口无污垢，衬衣下沿应束进裤内。衬衣颜色不得过于艳丽，以白色或朴素色为标准，不着样式怪异的服饰。衬衣扣不得漏扣或缺扣，系好领带（颜色不宜艳丽）。

3）着制服时，应按规定穿黑色或深色的皮鞋，保持鞋面干净，不穿过度磨损的鞋及露脚趾、脚跟的鞋。

4）袜子要避免艳丽刺眼的颜色，以黑色或深色等朴素颜色为主。女性客运服务人员着裙时，长袜颜色应为与肌肤相贴近的自然色。

5）着制服时，应系好腰带，腰带以黑色或深色为主，不得佩带怪异饰物或与着装不协调的腰带。

6）保持头发干净，不留怪异的发型，不染不自然的发色。女性客运服务人员低头时，保证头发不遮脸（遮住脸时要用发夹），头饰（发夹、发带）以黑色或深色（朴素色）为主。留长发的女性客运服务人员着工作制服时，必须将头发挽于头发网内；避免佩戴太时髦的饰物，耳环限戴一对并控制在 1cm 内；不戴戒指（婚戒除外）、手链、项链等饰物；男性客运服务人员不准留长发、大包头、大鬓角，前额蓄发不得露出帽外。注意个人卫生，经常修剪指甲，留意口腔异味。女员工可化淡妆，香水适度，可使用无色透明的指甲油；男性客运服务人员不得留长指甲。

7）佩戴眼镜时，应尽量选择传统的眼镜，避免使用彩色眼镜。

8）制服换季按照部门规定，全线统一执行。

三、行为举止和服务用语的要求

客运服务礼仪是在车站和列车服务工作中向乘客表示尊敬的礼貌和礼节，是车站工作人员必须遵循的服务规范。掌握服务礼仪，做到礼貌待客，是做好乘客服务工作的先决条件。塑造现代服务礼仪礼貌不仅是服务人员的工作需要，而且是一个人道德文化修养的直接体现。客服中心服务人员礼仪如图 4-2 所示。

图 4-2　客服中心服务人员礼仪

1. 行为举止标准

行为举止标准包括下述内容：

1）当班时要精神饱满，避免显露疲态，举止大方，行为端正，工作中应避免挖耳鼻、剪指甲、打哈欠和伸懒腰等不雅行为。

2）在巡视过程中，身体应保持挺直，精神奕奕，步履稳健，时刻保持笑容和亲切友善的态度。

3）立岗时，应站姿挺拔，双手自然下垂，两脚并立，不准背手、抱臂、抱握拳、玩手指及其他物品，不得把手插进口袋或将手搭在其他物品上、斜靠墙柱或墙壁等。

4）解答乘客询问时，要耐心有礼，面带微笑，认真听取乘客的意见，耐心讲解，不得边走边回答，更不得不理不睬，也不得以摇头、点头等方式回答乘客，应站稳或停下手中的工作，面对乘客认真回答。如果工作确实无法终止，应请乘客稍等，并在工作后第一时间回答乘客，并表示适当的歉意。对自己无法回答的问题，应请教同事，不得误导乘客，不得相互推诿。

5）穿着制服在乘车、候车时，原则上不得坐在椅子上，要主动维持乘客候车、乘车秩序，帮助乘客。

6）着制服时，与乘客相遇，应主动点头致意、侧身避让，避免碰撞乘客；与乘客视线接触时，应点头微笑表示尊敬。

7）对违反城市轨道交通有关规定的乘客，应耐心解释，委婉劝解，尽量站在乘客的角度，从乘客的安全和利益等方面做出合理的解释与劝解。

8）为乘客引路或指引时，应手掌稍微倾斜、掌心稍向上，五指并拢，前臂自然上抬，应使用手掌指路，不得用手指指路。指示方向时，应面带微笑，眼睛看（望）目标方向，忌用手指指点乘客和自己。

9）得到乘客协助应该致以真诚的谢意，对乘客造成不便时应该致以诚挚的歉意。

10）与需要服务的乘客距离较远时，不能高声呼喊乘客，应主动上前询问。

11）已下班但仍穿着制服的客运服务人员，行为举止一律按在岗时的标准执行。

2. 日常礼貌用语

（1）见面语　常用见面语有"早上好""下午好""晚上好""您好""很高兴认识您""请多指教"等。

（2）感谢语　常用感谢语有"谢谢""劳驾了""让您费心了""拜托了""麻烦您""感谢您的帮助""谢谢您的理解（或协助）"等。

（3）致歉语　常用致歉语有"对不起""请原谅""很抱歉""请稍等""请多包涵"等。接受对方致谢、致歉时的用语有"别客气""不用谢""没关系"等。

（4）告别语　常用告别语有"再见""欢迎再次光临""祝您一路顺风"等。

3. 文明服务用语

文明服务用语（图 4-3）要求包括下列内容。

1）用语规范，时刻注意使用十字文明服务语言："您好""请""谢谢""对不起""再见"。

2）在为乘客服务时，应该根据不同乘客的语言习惯使用相应的语言，如普通话、粤语和英语等。

3）回答乘客问题或使用人工广播时，应语调沉稳、圆润，语速适中，音量适宜，避免声音刺耳或使乘客惊慌。

图 4-3　客运服务文明用语

4）在工作中与乘客交谈时，应根据乘客的不同身份使用恰当的称呼用语，如"先生""女士""小朋友""阿姨""同志"等，不得使用"嘿""喂""那位"等不礼貌或带有侮辱性的语言称呼乘客。

5）当遇众多乘客询问时，要从容不迫地一一作答，不能只顾一位而冷落其他人，对暂时不能回应的乘客应示意请其稍等，并表示适当的歉意。

6）在没有听清乘客意见、建议或问话时，应礼貌地请求乘客复述，并适时表示歉意。

7）在听取乘客意见或建议时，应态度热诚、用心倾听，并适时做出相应的回应，并对乘客表示感谢。

8）乘客表示感谢时，应微笑谦逊地做出回应。

9）在按规定对违章乘客进行处罚时，应态度和蔼、得理让人，不得使用斗气、噎人、训斥、顶撞、过头及不礼貌的语言。

> 🔍 **特色亮点：晶晶服务，传播好声音**
>
> 以承担客运组织及乘客服务工作为职责的郑州地铁公司运营分公司站务中心，践行服务至上和社会公益，以二七广场站、新郑机场站两个市级青年文明号为龙头，在成立了多支青年志愿团队的同时，积极打造了"晶晶服务"品牌，讲好郑州地铁好故事，传播郑州地铁好声音，唱响为民服务主旋律。"晶晶服务"致力于为乘客提供良好的出行体验，仅2017年，郑州地铁累计运送乘客2.52亿人次，统计在册的好人好事多达1159件，收到乘客感谢信400封、锦旗25幅。晶晶服务，贴心、用心、全心、真心为每一位乘客的出行服务做好保障，让乘客乘车过程中每时每刻都能体会到郑州地铁的温暖。

任务二　城市轨道交通服务环境

🎯 任务目标

> 1. 熟悉城市轨道交通线路车站环境。
> 2. 熟悉城市轨道交通人文环境。
> 3. 熟悉城市轨道交通服务卫生环境及标准。
> 4. 熟悉城市轨道交通地铁环境与设备监控系统。
> 5. 熟悉环境保护。

📖 知识课堂

城市轨道交通服务环境主要涉及城市轨道交通线路车站环境、城市轨道交通人文环境、城市轨道交通服务卫生环境及标准、城市轨道交通地铁环境与设备监控系统和环境保护等。

一、车站运营环境标准

车站环境整体要求是窗明地净、清洁舒适、协调美观。

1. 公共区域悬挂标识及张贴物品要求

各种导向标识要统一位置、悬挂端正，保持清洁明亮；临时标识内容清晰，放置正确，不得丢字、少字及使用不规范文字，如图4-4所示。

1）在运营时间，乘客乘车区域内不能悬挂与运营活动无关的物品。

2）车站设置的各类标识不能出现倾斜、卷翘和破损现象。

3）车站张贴、悬挂的各类公示牌应整齐，不应有破损；过时的规定、公告等应及时更新、更换。

4）车站临时张贴的宣传标语、招贴画等，在张贴期间破损的应及时更换，按期撤除、清理。《城市轨道交通客运服务》（GB/T 22486—2008）要求城市轨道车站宣传横幅、标语、广告等不应遮挡标识、指示牌、公告、通知等服务设施，或影响其使用。广告宣传灯箱及灯光的使用不应影响标识、指示牌、公告、通知以及设施设备的辨认和使用。

5）车站壁画应洁净，不应有残、蚀、剥落现象，不应有积尘、污垢。

6）车站宣传字画应有艺术性，并保持完好、美观，不应产生卷曲、起皱现象，不应脱色、产生水渍。

7）车站、车内广告设置应合理有序，不得影响运营服务标识的使用效果。

8）车站、车内广告应保持完好、整洁、无积尘，对破损、脱色严重的广告应及时维修、更换。

图4-4　车站悬挂标识

2. 站台（厅）墙、地面卫生要求

站台（厅）墙、地面（图4-5）卫生要求如下：

1）无痰迹、无垃圾、无尘土、无水渍、无污渍，保持干爽，有光泽；站台墙、柱、门、窗无痰迹、无印迹、无泥点、无黑灰；边、角、棱、沿无黑灰、无塌灰、无蛛网。

2）各出、入口必须保持整洁、畅通，无卖艺者、乞讨者等流浪人员滞留，出口及通道墙壁和玻璃无乱张贴、涂写，无杂物堵塞通道，任何单位和个人均不得在上述范围内停放车辆和堆放杂物；出、入口及公共区扶梯表面干净整洁，扶手带、挡板无灰尘，梯级上无垃圾或杂物。

3）垃圾箱外表清洁、无虫蚁等，无特别气味，周围不得有污迹杂物、箱体外部不得有污垢、箱内杂物不得超过箱口。挂式垃圾桶如有损坏应立即维修或搬走，不得摆放于地上使用；圆形垃圾桶必须上锁。

图 4-5　车站墙面和地面

二、列车环境管理要求

地铁列车卫生整体应做到玻璃洁净、清洁舒适、协调美观。车厢内卫生做到无污垢、杂物、沙尘、水渍，保持干爽洁净；车身卫生做到无污垢、无水渍、无明显灰尘、洁净明亮；车顶卫生做到无明显油垢、无灰尘、洁净，如图 4-6 所示。其具体要求如下：

1）投运列车在发车前应做好清洁工作，确保列车外观的清洁；车厢内窗明座净，地板上无纸屑、无污渍。

2）车厢内各种宣传品与张贴栏应保持完好、齐全，过期、无效、破损的张贴应及时清除或更新。

3）运行列车在终端站应有专人利用列车折返的时间进行清扫，至少保证终端站发出的列车内部地面无纸屑、污渍。

图 4-6　列车环境

4）在行车过程中，乘客在车厢内的突发性不洁事件，如乘客呕吐、物件散落、饮料泼洒等，应组织人员及时跟车处理。

5）确保车厢内的照明、通风和空调等符合有关规程的要求，为乘客提供舒适的内部乘车环境。

6）列车应定期清洗，保持车厢外立面清洁，无锈蚀、污垢；车厢门窗、玻璃、扶杆、吊环、灯具、出风口、座椅应随时保持清洁。

7）车厢内、外相关服务标示应完好，各类显示设备应保持清洁。

8）根据需要对列车进行定期消毒。

9）列车应保持空气清新，车厢内的温度、新风量应符合相关规定的要求。

三、环境布置标准

1. 车站各工作场所及设备卫生标准

（1）各工作场所　车站工作场所根据各城市地铁设置及命名各有不同，一般有票务中心、监控亭、综控室、点钞室、站长室、休息室等工作、管理用房。

工作场所的卫生要达到一定的标准，一般要求做到室内环境整洁，物品摆放统一整齐，工作台面无杂物、积尘，墙（亭）壁、玻璃干净无污迹，没有不标准张贴物。墙壁、天花板无污迹或蜘蛛网，各种设备、文件柜面及工作台面干净。

（2）消防设备卫生标准　做到表面干净、整齐、无污痕，有光泽，表面膜保持完好。

（3）空调系统卫生标准　做到出风口无明显灰尘、无油渍、无污渍，保持洁净。通风系统定期清洗，保持空气新鲜。

2. 其他区域卫生标准

1）茶水间应做到地面清洁、无积水，水池清洁、无杂物、无异味。

2）厕所卫生应做到无污物及堵塞物，地面清洁无积水。

3）废物箱卫生应做到垃圾低于投掷口，箱内、箱外保持整洁。

4）各种物品、工具应按规定位置摆放，不得妨碍列车运行和乘客通行，不得发生有碍站容、站貌的现象。

5）车站商业网点外观整洁、内部物品（含商品）摆放整齐。商业设施的设置不得影响正常运营服务。

特色亮点：凝心治环境，聚力提品质

为了迎接第十一届全国少数民族传统体育运动会，郑州地铁全力提升出入口、卫生间、车站内卫生质量，提高保洁标准及打扫频次，对出入口的非机动车、共享单车的停放进行综合整治；优化站容站貌，改造车站栏杆，对全线电扶梯及安全出口、铁马、灭火器等各类废旧标识进行污渍清洁，撤除脏乱、破损等贴附式标识1300余张；在全线23座重点车站增设绿植，为乘客营造"精致、美丽、统一、温馨"的良好乘车环境，营造乘客视觉之美。郑州地铁持续巩固郑州地铁运营环境整治成果，严格按照"序化、洁化、绿化、亮化"的标准，切实提高乘客乘车舒适度，进一步为"迎民族盛会庆七十华诞"活动提供有力保障。

任务三 站厅服务

任务目标

1. 了解车站站厅服务的交接班制度。
2. 熟悉车站站厅服务的作业标准。
3. 掌握车站站厅服务的岗位职责。

知识课堂

站厅服务主要包括车站站厅服务的交接班制度、车站站厅服务的作业标准和车站站厅服务的岗位职责等。

按照客运服务人员工作岗位的空间范围来分，城市轨道交通客运服务分为站厅服务和站台服务。站厅服务主要有站厅巡视服务、站厅安全检查服务、行车服务、车站设备维修人员服务、保洁服务和票务服务等。

车站站厅是车站的门面和窗口，其服务水平是乘客对车站服务产生深刻印象和做出评价的重要依据。客流量的大量增长、乘客文化层次的扩大为站厅服务增加了新的难度。客运服务人员只有掌握站厅服务相关岗位职责、作业标准及作业流程等，才能提高站厅服务质量，减少乘客投诉的发生。

《城市轨道交通客运服务》（GB/T 22486—2008）对车站导乘服务工作有以下要求：

1）车站的醒目位置应公布乘车常识和注意事项。必要时，应通过广播等方式向乘客宣传乘车常识和注意事项。

2）车站应提供即时、准确、有效的乘车信息。

3）列车运营计划变更或列车运行不正常对乘客造成影响时，应及时通知乘客；必要时，应采取有效措施疏导乘客。

4）车站出入口和售票处等的醒目处应公示本车站首末班列车时间；车站宜公布列车间隔时间、各车站运行时间等信息。

5）车站的醒目位置应公布车站周边公交线路的换乘信息。

6）车上应向乘客提供列车运行方向、到站和换乘等清晰的广播或图文信息。

一、站厅巡视服务

1. 巡视岗站厅工作职责

1）发现乘客携带超长、超大、超重物品时，应禁止其进站，并做好相应的解释。

2）发现精神不正常的乘客时，应该禁止其进站乘车，并及时汇报车控室，必要时请求警务人员或同事协助，保证自身安全。

3）帮助乘客、回答乘客问询，特别注意帮助老、弱、病、残等有困难乘客。

4）引导乘客正确操作票务设备，巡视车站自动售检票设备的运行情况，协助票箱、钱箱的更换或清点工作。

5）负责巡查站厅、出入口，保证设备、设施的正常运行。做好相关巡查记录，发现安全隐患时应及时报修，发现有故意损坏地铁设备的应及时制止，并上报车控室。

6）留意地面卫生，发现积水、垃圾和杂物等时，应及时通知保洁人员处理，同时设置警示牌，防止乘客摔倒。

7）站厅、出入口发生治安安全事件时，应及时赶到，保护现场，寻找两名及以上目击证人。

8）负责站厅、出入口的客流组织工作，防止乘客过分拥挤，必要时采取相应的限流措施。

9）负责更换钱箱、票箱，引导不能正常进、出闸机的乘客到客服中心解决问题。

10）关注乘客动态，如果发现违反地铁规定（乘客守则）的行为应及时制止。

2. 巡视岗工作程序

1）上岗前到车控室签到，了解当天工作注意事项和学习有关通知内容。

2）领取相关钥匙及备品——扶梯钥匙、边门钥匙、屏蔽门钥匙及站台监控亭（备品间）钥匙，站台站厅应急卡、对讲机，并在"钥匙借用登记本"和"车站备品领（借）用登记本"上登记。

3）带齐工作备品准时到岗。

4）工作中的注意事项如下：

① 早班巡视岗上岗后，立即对站厅、站台巡视一遍，之后每小时巡视1次，按巡视制度对车站的各项设施进行巡视并向车控室汇报。

② 引导乘客正确操作AFC设备，注意自动售检票设备的故障情况，若发现问题及时报车控室，并通知AFC维修人员到站维修并在故障设备上放置"暂停服务"警示牌。

③ 认真解答乘客的问询，给予乘客正确的指引，如果遇到自己不懂的问题可向其他同事请教，然后为乘客解答。

④ 执行"防止单程票流失控制措施"，在每趟列车到站后对出闸机进行检查，对站厅其他地方定时检查，如进闸机、自动售票机（TVM）等，发现有单程票遗留时及时投放到意见箱或单程票回收箱。

⑤ 对乘客违反乘车规定的行为进行制止。

⑥ 检查乘客使用特种车票情况，抽查使用特种车票的乘客是否符合规定，发现不按规定使用者按章处理。

⑦ 注意站厅所有人员的动态，防止影响车站正常运营的事情发生。

⑧ 离开岗位必须得到车控室同意。

⑨ 发生客伤、车门/屏蔽门夹人或夹物等情况时，要及时赶到现场处理，注意寻找目击证人及维持站台秩序。

⑩ 当票亭工作压力较大出现乘客排长队时，要协助票亭疏导排队客流，做好对乘客的及时引导并将情况报告给车控室。

⑪ 听从车控室的安排，协助车站处理突发的各项工作。

⑫ 按规定与售票员进行交接、顶岗吃饭。

⑬ 按照车站要求协助进行设备区房间清洁工作。

⑭ 协助客运值班员更换TVM钱箱、闸机票筒等。

⑮ 到车控室听从值班站长安排，协助完成其他工作或学习文件。

3. 巡视岗服务要求

1）不断巡视站厅设备、扶梯的运行情况和乘客进、出站情况等，及时、主动地向有需要的乘客提供服务。

2）根据需要配合解行、送币、处理乘客事物及帮助、引导进出闸车票有问题的乘客到售票处。

3）负责站厅车站员工通道门的管理，对由通道门进、出的人员进行如实汇报和严格登记。

4）积极疏导乘客，要特别注意突发暴风雨等特殊情况时，乘客拥向出入口堵塞通道等特殊情况。

5）及时向值班站长、值班员报告异常情况和问题。

6）制止并处理乘客违反《××市城市轨道交通管理条例》《××市城市轨道交通乘坐守则》《城际轨道线乘坐守则》和《××线票务规则》的行为，阻止乘客携带"三品"、超长物品进站。

7）看到有特殊乘客进站及时通知有关岗位，对老年、小孩和行动不便的乘客要指引其走楼梯，必要时提供扶助，以避免客伤事件发生。

8）厅巡人员应以乘客排队人数 8 人为临界点，及时向值班站长汇报票务中心、临时票务中心和自动售票机前乘客排队的人数，以便值班站长做出决策。

9）积极引导进站乘客到乘客较少的票务中心、自动售票机、闸机等处购票、进 / 出站。

10）负责监督工作区域内的卫生情况，若发现问题，立即整改。

11）自动售票机、闸机、扶梯故障时，及时摆放"暂停服务"牌，并向车控室报告。

4. 巡视岗服务技巧

1）多看、多听、多巡、多引导。多看：看有无异常情况，看有无需要帮助的情况和需要处理的设备故障；多听：多听乘客对服务的意见、建议；多巡：多走动、巡视了解站厅客流情况，留意乘客动态；多引导：引导乘客到临时票务中心及乘客较少的一端购票乘车，如图 4-7 所示。

2）多名乘客同时求助时，根据实际情况分轻重缓急依次处理，必要时可报告给车控室，不得对乘客不理不睬。

3）受到乘客的责骂、殴打时，应做到"打不还手，骂不还口"，同时注意进行自我保护；若乘客行为危及车站客运服务人员人身安全，应及时报警处理。

4）高峰期巡视岗人员巡视站厅时，应统一配手提广播器上岗，在客流引导时声音不宜过大，宜吐词清晰、积极主动，不得拿广播器对着乘客喊话，使用广播录音功能时不得连续播放。

图 4-7　站厅服务

5）巡视岗要及时提醒车控室查看 AFC 设备中的钱箱、票筒情况，以便在乘客较少时及时更换。

6）巡视岗能解决的问题要及时、果断处理，避免处理时间过长；不能处理的问题应及时通知值班站长。

二、站厅安全检查服务

轨道交通车站采用的是封闭式候车厅，具有高密度人流聚集的特点，轨道交通运营的列车也是全列封闭车厢，所以对乘客携带物品的安全性提出了很高的要求。为了确保乘客旅行过程中生命财产不受威胁，作为乘客出行的首发地—车站的安全检查工作必须严格、规范。

安全检查（以下简称安检）作为与乘客安全息息相关的一项工作，必须严格规范执行。检查人员应该以规范的服务流程完成安全检查工作（图4-8），具体流程如下：

1）迎接：检查之前，应主动提示："您好，请接收安检，谢谢您的合作。"

2）操作：检查时，应主动伸手去帮助乘客把包放到检测仪上或抬到桌子上。

3）告别：检查之后应向乘客表示感谢："给您添麻烦了，请您慢走。"并帮助乘客把行李从检测仪上拿下来。

图4-8   站厅安检服务

🔍 特色亮点：文明待客，热情服务

城市轨道交通行业以运营服务为中心的经营指导思想和以服务为本、乘客至上的经营宗旨，决定了客运服务人员的职业道德必须以全心全意为乘客服务为核心。因此，客运服务人员应以文明礼貌的态度，热情周到地接待每一位乘客，使他们既受到人格的尊重，又使他们的需求得到满足，这是客运服务人员职业道德的一个中心内容。

1）文明礼貌、尊重乘客。文明礼貌、尊重乘客是客运服务人员职业道德的一个基本要求。文明礼貌是处理人与人之间关系的一种社会美德，其核心是对他人的关心和尊重。对城市轨道交通客运服务人员来说，对乘客的尊重就是用文明礼貌的言行、举止和以理服人、得理让人的态度去对待乘客。

2）方便周到、热情服务。为乘客乘车提供方便和周到的服务，努力满足乘客的各种需求，是体现热情周到服务的重要方面，也是客运服务人员主要的职业责任和义务。例如满足乘客的基本需求，开、关车门时提醒乘客注意安全，满足他们的特殊需求，这是对客运服务人员职业道德规范的重点要求。

三、行车服务

《城市轨道交通客运服务》(GB/T 22486—2008)对行车服务工作有以下要求：

1）城市轨道交通的运营时间应根据当地居民的出行规律及其变化来确定和调整，调整前应及时公示。

2）应根据列车运行图组织列车运行，并根据客流变化等情况合理调整列车运行；对乘客有影响时，应及时公布。

3）列车行驶应平稳，到站后应适时开、关车门。

4）列车运行发生故障时，应视情况采取救援、清客、继续运行到目的地等处理措施。

5）年内列车准点率应不小于 98.5%。列车准点率指准点列车次数与全部开行列车次数之比，用以表示运营列车按规定时间准点运行的程度。

凡按运行图规定的时间运行，早、晚不超过规定时间界限的为准点列车，准点的时间界限指终点到站时间误差不大于 2min 的列车（市域快速轨道交通系统除外）；市域快速轨道交通系统准点的时间界限指终点到站时间误差不大于 3min 的列车。

6）年内列车运行图兑现率应不小于 99%。列车运行图兑现率指实际开行列车数与运行图规定开行列车数之比。实际开行的列车中不包括临时加开的列车数。

7）列车拥挤度不应大于 100%。列车拥挤度指线路高峰小时平均断面客流量与线路实际运输能力之比，列车按定员计算，用以表示列车的拥挤程度。

8）列车服务可靠度要高。一年内发生 5min 及其以上（至 15min）延误之间平均行驶的车公里数，数值越大，表明可靠性越高。

四、车站设备维修人员服务的基本要求

1）在维修过程中应以乘客的安全为大前提，并尽可能缩小工作范围，避免影响其他设施的正常运行，必要时应设置围栏等施工安全防护。

2）在维修的过程中应在故障设备旁边放置提示牌，提示设备已出现故障。

3）搬运维修设备时，应避让乘客，避免在地面拖拉设备。

4）维修完成后，应及时清理杂物，保持车站清洁。

5）注意个人仪表及谈话声音，不得聚集在一起闲谈。

五、保洁服务

轨道交通运营服务公司的保洁工作大多数外包给劳务公司。保洁人员一般是定期擦拭与经常保洁相结合，做到随脏随扫，并对乘客做好卫生保洁宣传工作，如图 4-9 所示。

1. 保洁岗位责任

1）负责每日清扫工作，做到车站管辖区域内无杂物、无污物、无积尘、设备光洁、玻璃明亮。

2）车站站厅、站台、楼梯、通道地面、墙面保持"四无"（无痰迹、无烟头、无杂物、无积尘），无卫生死角。

3）出、入口外的地面按"门前三包"的要求，保持清洁。

4）车站出入口、通道应保持通畅，无杂物。

5）地面污迹、积水、乘客呕吐物、泥土及各类垃圾必须在 25min 内加以清扫。

图 4-9　保洁服务

6）乘客座椅、不锈钢栏杆、扶手、公告栏、消防设施箱柜及车站工作亭等表面必须无积尘、无污迹。

7）玻璃窗必须明亮，必须无印迹，无花雾。

8）茶水间地面清洁、无积水，水池清洁、无杂物、无异味。

9）厕所无污物及堵塞物，地面清洁、无积水。

10）废物箱内垃圾应低于投掷口，箱内、箱外保持整洁。

11）卫生工具的放置应不妨碍列车运行、乘客通行和有碍站容站貌。

2. 保洁岗位服务要求

1）班前准时到车站保洁主管处签到，了解工作注意事项及本岗位作业要求。

2）按照车站保洁岗位分区安排，加强巡视及清扫，确保本岗位负责区域的环境卫生，有列车折返站站台时，保洁人员应利用列车折返间隙做好列车卫生保洁工作。

3）夜班保洁人员按照本周车站保洁专项计划，落实车站设施、设备的保洁、清扫工作。

4）发生紧急情况时，按照车站员工应急处理程序做好各项应急处理工作。

六、保安

1. 站厅保安

1）班前准时到车控室签到，了解工作注意事项，按规定与交班站厅保安进行岗上交接。

2）引导乘客正确使用 AFC 设备，解答乘客咨询，如果遇到解决不了的问题应立即报告车控室。

3）巡视车站，发现有违反《××市城市轨道交通运营管理暂行办法》及《××市城市轨道交通乘客守则》的行为要劝止、报车控室，按指示处理。

4）做好车站安防巡查工作，确保消防通道畅通，发现可疑人员或可疑物品时及时汇报，对乘客携带的大件可疑行李，要求乘客开箱配合检查。

5）根据车站要求与站台保安换岗，换岗时交接好各种钥匙和备品。

2. 站台保安（图 4-10）

站台保安工作职责如下：

1）准时到车控室签到，了解工作注意事项，与交班站台保安按规定交接，交接完毕后双方共同在"保安交接班本"上签字。

2）按照站台岗作业标准程序监视列车到站、发车，巡视站台及线路出清情况，列车进站时，站在自动扶梯口至紧急停车按钮之间阻止乘客抢上抢下，发现紧急情况时按压紧急停车按钮。

3）主动疏导聚集在一端的乘客到较空旷的地方候车，关注乘客动态，提醒乘客不要手扶屏蔽门。

4）根据车站要求与站厅保安换岗，换岗时交接好各种钥匙和备品。

5）发现站台有异常情况时，立即报告车控室，并按指示处理。

6）夜班站台保安在运营结束后，协助客运值班员在站台、站厅清客，并按程序及车站要求做好开关站工作。如果有夜间施工作业，按车控室指示引导有关施工人员及时设置防护设施，并经常检查防护设施是否完好。

图4-10　站台保安服务

七、车站开、关服务

1. 开站服务

（1）站台岗　首班载客列车到站前20min到站，首班载客列车到站前10min领齐备品到岗。

（2）票亭岗　首班载客列车到站前30min领票，首班载客列车到站前12min到岗。

2. 关站服务

（1）售票员　收拾票、钱，整理票务处备品，注销半自动售票机（BOM），回自动售检票系统点钞室结账。

（2）站台员　最后一趟载客列车开出前进行检查，确认站台乘客均已上车，无异常情况。

> 🔍 **特色亮点：疫情之下，为返校学生服务**
>
> 高校附近的地铁站在得知返校时间后，开始进行人员配置和物品准备，为高校学子的返校做好防护。2020年6月11～13日，1号线郑州大学中心站在郑州大学站、郑大科技园站、河南工业大学站开展"欢迎回家，来自地铁的等待"晶晶爱心服务活动，为师生安全乘车保驾护航。车站循环播放"您的出行，由晶晶守护，郑州地铁欢迎同学们回家"的温馨广播，并在车站站厅设立晶晶爱心服务台为返校师生提供咨询和帮助，免费供应热水及其他便民用品，同时发放《嗨游郑州地铁行，晶晶服务暖人心》便民服务手册，让离家的学子切实感受到郑州这座城市的温暖。

任务四　票 务 服 务

任务目标

1. 了解票务服务的工作内容。
2. 熟悉票务服务的岗位责任和作业程序。
3. 掌握票务服务交接班的注意事项。

知识课堂

票务服务主要包括工作内容、岗位责任、作业程序和交接班注意事项等。

票务服务工作是城市轨道交通运营企业运营中很重要的一部分。票务服务的基础工作包括售票亭的服务和自动售票机的服务等。《城市轨道交通客运服务》（GB/T 22486—2008）对票务服务工作有以下要求：

1）售票处（机）或其附近应有醒目、明确的车票种类、票价、售票方式、车票有效期等信息，方便乘客购票。

2）自动售票机和充值设备上或自动售票机和充值设备附近应有醒目、明确、详尽的操作说明，指导乘客正确购票和充值。

3）人工售票、充值或售卡过程中，售票员应唱收唱付，做到准确、规范。

4）对符合免费乘车规定并持有效乘车证件的乘客，应验证后准乘。

5）自动检（验）票机或其附近应有相应的标识或图示，方便乘客检（验）票。人工检（验）票的，工作人员应当站立检（验），核查票证；自动检（验）票的，应有工作人员指导乘客正确使用检（验）票设施；检（验）票设施发生故障时，工作人员应当及时处理，确保检（验）票通道畅通。

6）在特殊情况下，应及时采取有效措施，为乘客进行必要的票务处理。

一、人工售票服务

售票亭服务是车站票务工作最重要的一部分，其服务水平影响整个车站的服务质量。售票亭服务一般设在站厅层（无站厅层的车站，可设在站台层），售票岗工作人员的工作范围在售票亭内，售票岗工作人员听从车站站长的安排，根据乘客的需要，在半自动售票机上为乘客提供售票、票卡分析等服务；正确填写相应的报表和台账，如图4-11所示。

售票岗位职责如下：

1）负责当班票务处的售票工作。

2）处理与乘客相关的票务事务。

3）对填写的票务报表和当日票款收益负责。

4）对本班票务处内的卫生工作及安全工作负责。负责本班票务处内的设备、备品的管理，票务处门窗随时处于锁闭状态。

5）完成上级布置的其他票务工作。

图 4-11　人工售票服务

二、自动售票机服务

自动售票机和自助充值设备上或附近应有醒目、明确、详尽的操作说明。

客运服务人员应指导乘客使用自助售票设备，如图 4-12 所示。

图 4-12　自助票务服务

1）当乘客第一次使用自动售票设备时：

① 耐心指导乘客使用自动售票设备，尽量让乘客自己操作，注意避免直接接触乘客财物，以免发生不必要的纠纷。

② 耐心指导乘客刷卡进站，并提醒乘客妥善保管票卡，出站时票卡需要回收。

2）当乘客使用自动售票设备出现卡币现象时：

① 检查设备状态，如果显示卡币，则向乘客道歉并按票务管理规定办理。

② 如果显示正常，则按有关规定开启设备维修门，确认有卡币现象后，立即向乘客道歉："对不起，设备出现故障，请您谅解，我会马上为您处理。"

③ 如果打开维修门后，确认没有出现卡币现象，则向乘客解释："对不起，经我们核查，目前机器没有出现故障，按照规定我们不能为您办理，请您谅解和合作。"当设备出现故障时，应主动悬挂故障标识，并及时上报维修。

3）当乘客使用自助售票设备出现卡票现象时：

① 检查设备状态，如果显示卡票，则按规定办理。

② 如果显示正常，则打开维修门进行查看；如果出现卡票现象则立即向乘客道歉："对不起，我们立即为您重新发售车票。"

③ 如果打开维修门后，发现没有卡票现象，则由工作人员向乘客做好解释工作，必要时可以交给值班站长处理。

> **🔍 特色亮点：高考助力，免费乘车**
>
> 　　为了给考生创造良好的乘车环境，助力考生创佳绩。2017年郑州地铁在6月7日、8日高考日开展爱心助考活动。在五一公园站、绿城广场站、郑州火车站、紫荆山站、东大街站、南五里堡站等设置10个爱心助考站，为学生免费发放爱心用品，如文具、雨伞和纸巾等用品。6月7日、8日运营时间内，考生及陪同家人（每名考生可带两名）可凭高考准考证到车站客服中心领取爱心票免费乘坐地铁。车站还特别播放高考广播，预祝考生金榜题名，同时呼吁广大市民做文明乘客，共同助力考生出行。

任务五　站台服务

📋 任务目标

1. 了解站台服务的基本职责及作业程序。
2. 熟悉司机服务的基本要求和常见问题处理。
3. 掌握站台服务常见问题的处理方法。

📖 知识课堂

　　站台服务主要包括基本职责及作业程序、司机服务的基本要求和常见问题处理和站台服务常见问题处理等。

　　站台服务是车站服务的重要组成部分，在早晚高峰时，站台上来往乘客较多，稍有疏忽，就有可能发生安全事故，尤其是在乘客上、下车时容易混乱，客运服务人员和乘客之间也容易发生纠纷。因此，站台服务需要确保乘客安全，并要注意服务技巧的运用。

　　站台服务主要包括乘客候车服务、乘客安全服务、重点乘客服务、乘客广播服务和乘客秩序维护等。

一、站台服务的基本职责

　　1）执行相关规章制度，做到有令必行、有禁必止。

　　2）注意站台乘客的候车动态，在没有设置屏蔽门的站台应提示乘客站在黄色安全线以内候车，及时提醒特殊乘客注意安全（对不便乘坐扶梯的乘客应提醒其走楼梯），提醒乘客不要依靠屏蔽门等。

　　3）车门或屏蔽门关门时，应确认其工作状况，发现未关闭好时，应及时向车控室报告，并负责处理屏蔽门故障。

4）帮助乘客，回答乘客问询。

5）特别注意帮助老、弱、病、残等有困难的乘客上、下车。

6）负责站台设备的安全。

二、站台服务的基本要求

1）必须佩戴工号牌，做到仪表整洁、仪容端庄。

2）工作时，精神饱满、思想集中。

3）列车驶入本站时，要面向车的方向站立，如图4-13所示；需要清客的待车停后上车清客（一般为终点站），不需要清客的需要维持乘客上车秩序；发车时面向车门站立并敬礼，待车开离本站才能离开。

图4-13　站台服务

4）确保站台卫生清洁，无杂物、纸屑，无积水，发现站台不清洁或有积水时，立即通知保洁处理，并在有积水处放置"小心地滑"的告示牌。

5）站内员工应特别提醒家长带好自己的小孩，不要让他们随意在站台上奔跑，及时上前制止正在追逐打闹的小朋友，用人工广播强调："地面很滑，容易摔倒，请家长带好小孩，不要在站内追逐、打闹、奔跑。"

6）注意站台设备的工作状况，如果发生故障，应及时维修，以免给乘客带来不便。

7）注意乘客安全，个别乘客站在安全线以内时，应给予适当提醒。协助乘客安全进、出车厢，维持站台秩序，方便开、关车门。

8）对候车人员要做到热情服务、重点照顾。注意乘客候车动态，及时发现乘客异常，防止乘客跳下站台、进入隧道，积极疏导宣传，维护车站正常的候车秩序。

9）列车进站前，确认线路无障碍，并引导乘客站在安全线内候车。若发现轨道上有异物或有危及列车安全运营和乘客安全的情况，立即向司机发出停车信号或按下紧急按钮，并向行车值班员汇报。

10）列车关门时，密切注意列车车门状态。如果出现车门关闭不上或者夹人、夹物的情况，应及时协助司机采取必要的措施。

11）列车起动后，注意乘客候车动态及列车的异声、异味、异态。如果有异常，及时通知车站站长或行车值班员。

12）遇有清车或列车不停本站时，对需要继续乘车的乘客要做好解释劝说工作，动员乘客乘坐下次列车。

13）车站发生伤亡事故时，应及时向有关部门汇报，做好取证工作，疏导乘客，不扩散事态，并协助公安人员清理现场。

14）车站结束运营时，负责关闭车站各出入口的卷帘门和自动扶梯。晚间加强车站的巡视，在行车值班员同意后进行道床清扫工作。

15）做好交接班工作，交清本工作范围内的设备和卫生事项。

三、站台岗作业程序

站台岗应遵守"一看、二接、三送"的作业程序。

（1）一看　列车进站时，站在安全线内，面向轨道，目光左右巡视，确认线路无障碍；引导乘客站在安全线内候车，并宣传安全候车。若发现轨道上有异物或有危及列车安全运营和乘客安全的情况，立即向列车司机发出停车信号或按下紧急停车按钮，并向行车值班员汇报。

（2）二接　列车进站时，站台服务员在安全线内接车；列车停稳后，应注视车门开启情况及乘客上下车情况，宣传"先下后上，有序乘车"；列车关门时，如果车门和屏蔽门未正常关闭，站台监护人员应及时上前处理。

（3）三送　列车起动时，注意列车动态及站台情况，如果有异常情况，及时通知值班站长或行车值班员；当列车尾部经过站立位置后，90°转身，面向列车出站方向，目送列车出站界（有屏蔽门的车站，屏蔽门关后站务员应及时巡视）。注意：在转体过程中，应保持挺胸收腹，两脚跟并拢，脚尖成45°，两手放身体两侧贴裤缝，目光始终注视列车。

> 🔍 **特色亮点：文明乘车，聚力提品质**
>
> 　　为了做好少数民族传统体育运动会期间的运输保障工作，郑州地铁科学组织运力，组织500多名服务者，分布在各个重要站点提供志愿服务活动，并将全线运营服务时间延长运行至24点。为了展示郑州良好的城市形象，郑州地铁各个车站成立不文明行为治理小分队，开展乘客不文明行为劝阻、制止专项活动，劝阻车站公共区不文明纳凉，劝阻乘客乱涂乱画、随地吐痰、抽烟等不文明行为，在执行期间劝阻不文明行为1510余次。同时，车站员工对在站台、客服中心、安检机等候的乘客采取引导、劝阻等多种手段，引导市民乘客养成等候排队、先下后上的良好习惯，营造文明乘车的良好氛围。

任务六　特殊服务

🎯 任务目标

1. 了解票务服务的工作内容。
2. 熟悉票务服务的岗位责任和作业程序。
3. 掌握票务服务交接班的注意事项。

知识课堂

票务服务主要涉及工作内容、岗位责任、作业程序和交接班注意事项等。

一、外籍乘客服务

在地铁出入口用英语引导外国乘客进站、接受安检，在站点指引涉外旅客购票、进站、乘车等。

问路常用客运服务英文短语：

> You can get anywhere by metro. It is convenient.
>
> You can buy the ticket through the machine. It is over there.
>
> You can take Line ＿＿＿＿＿＿（乘坐的线路）, and then get off at the ＿＿＿＿＿ .
> （乘客要去的站点）
>
> Hope you enjoy your stay here！

车站设备介绍场景：

> **David**：Good morning.
>
> **Wang Dong**：Good morning, sir.
>
> **David**：Could you tell me the types of doors on metro trains?
>
> **Wang Dong**：There are plug doors, sliding pocket doors and exterior sliding doors of metro trains.
>
> **David**：I just wonder what plug doors are？
>
> **Wang Dong**：Plug doors are usually bi-parting, i. e. two leaves open from the middle. When they are opened, the doors 'pop' forward and then open out onto the exterior of the vehicle. This type of door provides a tight seal and a flush exterior finish which looks good and is easy to clean.
>
> **David**：Then would you tell me what exterior sliding doors are?
>
> **Wang Dong**：The exterior sliding door is a very popular type of door because it is easier to design. It is on the exterior for the door（s）to open and close. It can work in a similar manner to the plug door.

恶劣天气的服务：

> **Passenger A**：It has been raining for nearly two hours.
>
> **Passenger B**：Yes, I hope it will stop when I leave the station, because I forgot to take an umbrella.
>
> **Lily**：Don't worry. We have prepared some umbrellas at the information office in the metro. If you are in need, you can take one away.
>
> **Passenger A**：Really, I appreciate it.

Passenger B：The weather is so bad，and the ground near the subway entrance and exit may be quite slippery. We must pay attention to it.

Lily：You're right. And our staff has already cleaned the floor and the water on the ground and staircase has been swept away.

Passenger B：Well，I feel relieved to hear that. You all have done a good job.

Lily：Of course. It's my pleasure.

大客流状况下的服务：

Wang Dong：Attention，please! Line1 is closed，please choose another line for your transfer or go out to take a bus.

Passenger：What's the matter?

Wang Dong：Don't worry. There are so many people in the metro crowding in Line1. So we need to clear off a part of passengers.

Passenger：What should we do now?

Wang Dong：Please listen to the broadcasting carefully and follow the instruction to leave the metro. Sorry for the inconvenience.

二、残障乘客服务

残障乘客服务如图 4-14 所示。

（1）由出入口进入站厅　如果有垂直电梯，帮助残疾乘客搭乘垂直电梯；如果没有垂直电梯，则安排并帮助乘客乘坐残疾人专用电梯。

（2）引导与陪同　在推行轮椅的过程中，应注意行进速度和稳定性；在轮椅陪护过程中，应减少对其他乘客的妨碍，轮椅行进过程中提示周围乘客避让。

（3）协助安检　引导乘客至安检位置，对乘客的行李和轮椅进行检查，尽可能由同性别的工作人员完成，尽量减少琐碎不便的环节，并给予乘客足够的尊重。

（4）协助乘客进、出付费区　引导乘客至售票处，带乘客完成购票，引导乘客从宽通道或专用通道进、出付费区，并帮助其刷卡。

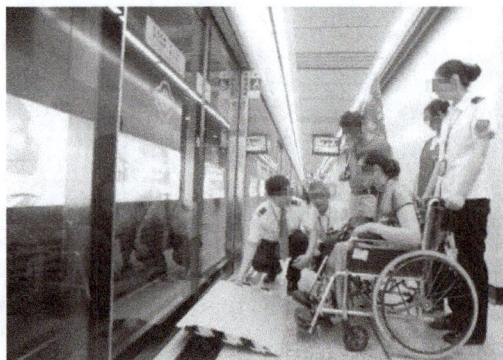

图 4-14　残障乘客服务

（5）**协助上、下车**　引导乘客至划定的站台无障碍候车区域，疏导其他乘客到相邻车门排队候车，使用渡板让乘客安全上、下车。上车时，要将乘客护送至车厢内无障碍专用位置，确认轮椅已经制动或与列车上专用挂钩固定，并提醒乘客坐稳扶牢，告知乘客目的站会有站务人员迎送，然后通知目的地车站的工作人员该乘客所乘车次、车号、发车时间、所在车门位置和列车路线等信息，目的站应做好相应准备工作。

三、急救服务

城市轨道交通车站及列车通常是人群密集的场所，如果有乘客突发疾病晕倒在地，不仅影响乘客流动，而且急病乘客有被踩踏甚至致命的危险。因此，如果发生乘客突发疾病时，应予以积极救助服务，做好以下工作，如图4-15所示：

1）主动上前查看乘客的情况，适当地安抚和询问："您好，您哪里不舒服吗？需要帮您叫救护车吗？"

2）征得乘客或其家属的同意后，及时与急救中心联系，必要时可以请求其他工作人员到车站出口迎候急救人员，并宣传疏导周围乘客，保证各个通道都畅通无阻，为乘客的治疗争取时间。

3）协助医护人员将乘客送上救护车。当乘客突发疾病时，如果乘客意识清醒，拨打120前最好要征得乘客同意。对于突发疾病的乘客，切忌随意移动，在处理过程中以协助为主，站务人员不能自作主张对乘客采取任何药物治疗。

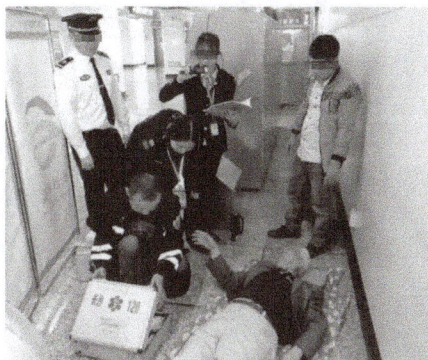

图4-15　残障乘客服务

当乘客发生身体伤害时，应及时到达现场，安抚乘客情绪，了解伤害状况，对伤口进行简单的消毒处理。当乘客提出要去医疗机构检查的要求时，应按照地铁相应规定进行处置，必要时让工作人员同乘客一起去医疗机构就诊。

> 📝 **小提示**
>
> 在处理乘客伤害过程中，切记推诿或拒绝其就医要求。

> 🔍 **特色亮点：爱心服务，伴你出行**
>
> 为了给乘客打造一个温馨舒适、高效便捷的出行环境，郑州轨道交通有限公司运营分公司开启了"爱心预约"特色服务活动，针对老、弱、病、残、孕及需要帮助的乘客，可在出行前一天通过拨打55162251进行爱心预约服务，车站工作人员会根据乘客出行信息（乘车站、乘车时间、换乘站、目的车站及其他相关信息），安排目的地工作人员进行爱心帮扶，帮助乘客便捷出行。同时，在会展中心站、紫荆山站、绿城广场站等多个车站设置专用的爱心服务台，整改10个车站的母婴室，每条线路增配爱心雨伞、免费外伤救助、便携手卡、爱心问询服务台、微笑示范站、失物招领平台、服务公众号等52项服务，为社会志愿者和乘客提供热水、医药箱、便笺纸、水笔、便民卡和轮椅等物资，为乘客提供出行咨询、路线指引等暖心服务，赢得了广大乘客的交口称赞。

课后习题

一、填空题

1. 客运服务总要求包括（　　）（　　）（　　）（　　）（　　）。

2. 地铁车站站厅安全检查服务的基本流程是（　　）（　　）和（　　）。

3. 自动售检票系统的英文缩写为（　　）。

4. 站台服务列车停稳后，应注视车门开启情况及乘客上、下车情况，宣传"（　　）"。

5. 站台岗应遵守"（　　）（　　）（　　）"的作业程序。

二、不定项选择题

1. 客运服务的"四到"具体是指（　　）。

　　A. 心到　　　　　　B. 话到　　　　　　C. 眼到　　　　　　D. 收到

2. 客运服务的"三多"是指（　　）。

　　A. 多巡视　　　　　B. 多观察　　　　　C. 多提醒　　　　　D. 多报告

3. 以下属于常见见面用语的有（　　）。

　　A. 早上好　　　　　B. 下午好　　　　　C. 请多指教　　　　D. 谢谢

4. 安全检查作为与乘客安全息息相关的一项工作，具体步骤为（　　）。

　　A. 迎接　　　　　　B. 操作　　　　　　C. 填表　　　　　　D. 告别

5. 城市轨道交通行车服务要求一年内列车准点率不小于（　　）。

　　A. 50%　　　　　　B. 80%　　　　　　C. 98.5%　　　　　D. 100%

三、判断题

1. 站台急救服务的职责有负责站台设备的安全。（　　）

2. 着制服时，应按规定穿黑色或深色的皮鞋，保持鞋面干净，不穿过度磨损的鞋及露脚趾、脚跟的鞋。（　　）

3. 已下班但仍穿着制服的员工，行为举止一律按在岗时的标准执行。（　　）

4. 乘客表示感谢时，应微笑、谦逊地做出回应。（　　）

5. 在处理乘客伤害过程中，工作人员可以根据具体情况拒绝其就医要求。（　　）

四、简答题

1. 客运服务"四到"的具体内容是什么？

2. 急救服务需要做到的内容是什么？

3. 客运服务处理的方式、方法有哪些？

4. 售票岗位职责有哪些？

5. 如果乘客突发疾病应予以积极救助服务，应做好哪些具体工作？

项目五

城市轨道交通乘客事务处理

学习导入

　　城市轨道交通是现代化交通的显著标识，也是城市现代化、国际化的体现，它不仅展现了国家的科技实力，而且大大缓解了大城市的交通紧张状况，减小了传统运输的客流压力。随着我国经济的快速发展和我国人口的不断增长以及大城市人口的聚集，城市轨道交通逐渐变成人们出行的首选交通方式。但是，从总体上讲，目前的轨道交通还不能完全满足人们出行的需求，乘客对城市轨道交通的安全性、舒适性和准时性等方面的要求越来越高。城市轨道交通运营行业是一个服务性行业，乘客参与其中，不可避免出现一些事情，如咨询、投诉和建议等。正确认识、妥善处理乘客事务是良好的企业形象和管理水平的体现。因此，掌握乘客事务处理相关知识，做好乘客事务处理，可以提高企业运营服务质量，切实维护企业声誉。

任务一　乘客事务处理概述

任务目标

　　1. 熟悉城市轨道交通乘客事务处理的定义及分类。
　　2. 掌握城市轨道交通乘客事务处理原则。

知识课堂

　　城市轨道交通优质乘客服务的两个层面：

　　1）物的层面——体现程序特性：城市轨道交通运营企业提供给乘客有偿服务的内容和程序。衡量标准：准确、安全、及时、便捷、标准化。

　　2）人的层面——体现个人特性：城市轨道交通运营企业员工与乘客接触或沟通时采取态度、行为和语言技巧。衡量标准：友好、热情、耐心、关注、影响力、个性化。

一、乘客事务处理的定义及分类

1. 城市轨道交通客户服务基本特征

- 同业竞争的不断升级
- 客户期望值的持续提升
- 不合理或过高的客户需求
- 产品特征与客户认知的差异
- 行业独特的服务策略和流程
- 服务能力和技巧的不足
- 内部服务配合协调不力
- 超负荷的工作及业绩压力

2. 乘客对城市轨道交通服务的需求层次

（1）标准化服务　体现专业化水准——按照合同或协议承诺，对所有客户提供完整、规范的服务项目。

特点：准确——符合质量标准；便利——使用成本低；快捷——反应迅速。

（2）个性化服务　给客户带来惊喜——根据个体需求开发、彰显自身特色的服务项目，它使服务更加精准，分类更细，服务更有针对性，可以弥补标准化服务的被动性。

（3）差异化服务　赢得客户忠诚——根据不同的价值和利益需求开发的小众服务项目，根据客户对企业的贡献，提供不同等级的服务，使客户服务更加理性，更具价值，可以在一定程度上弥补个性化服务的弊端。

（4）全面体验　服务经济的显著特征：

1）服务并不在于做了多少，而在于客户体验和感受到多少。

2）客户对于客户服务的体验和感知往往有很强烈的感情色彩。

3）客户感知的往往都是感性的。

4）客户感知源自于具体的服务过程。

3. 乘客事务的定义

乘客对轨道交通的投诉、建议、咨询和表扬统称为乘客事务。

敏感事务：对轨道交通公司形象产生较为严重影响的事务，如网络和媒体。

4. 乘客事务的分类

1）按事务性质可分为投诉、建议、咨询和表扬等。

2）按事务主体可分为人员服务类、设施设备类和公司政策类等。城市轨道交通乘客事务多集中在车站服务、列车运行、乘车环境和票款差错等方面。

3）按事务提交形式可分为来访、来电、来信、乘客车站留言、网站留言、电子邮件及媒体、其他部门转发等。

> 事务要素如下：
>
> 涉及人员服务类的事务要素包含时间、地点、人员姓名或工号、事件概况、乘客意见、改进建议。
>
> 非人员服务类事务要素包含时间、地点、事件概况、信息内容和改进建议。

二、乘客事务处理的原则

1. 安全第一、乘客至上的原则

在保证乘客安全的前提下，服务人员要尽量满足乘客的需求，多从乘客的角度思考，相信乘客投诉总有他的原因，同时还要时刻灌输"一定是我们的工作没有做好，给乘客带来了不便"的意识。

2. 不推脱责任原则

面对乘客的投诉，服务人员要清楚地意识到，乘客既然选择投诉就没有想过自己有错，而是想听取对方的道歉，获得心理安慰。因此，在处理乘客投诉时，服务人员首先要反思自己的不足，将责任揽在自己身上，主动向乘客道歉，这样才会使乘客心理得到平衡，促使问题解决。

3. 先处理感情、后处理事件的原则

大多数乘客投诉是情绪使然，如果乘客情绪能得到发泄，感情上可获得抚慰，那么乘客投诉的问题就解决了一大半。因此，面对乘客投诉时，服务人员应先安抚乘客的情绪，使乘客怒气平息后，再想办法解决其他问题。

4. 包容乘客的原则

乘客的投诉多种多样，有的可能不合理。面对乘客不合理的投诉，服务人员不要得理不饶人，直接指责乘客，使乘客难堪。因为，这样不仅不利于问题的解决，还有可能会激化矛盾。服务人员应当体谅和理解乘客，对于乘客的一些错误行为给予包容，对于乘客违反规定的行为，只要给予善意的提醒即可。

附：南方某市轨道交通公司结合自身实际情况制定的乘客事务处理原则

1. 首问责任制原则

首位接待乘客的员工负责全程跟进乘客需求，超出职责范围的乘客需求，需根据流程及时逐级上报。

2. 投诉无申辩原则

在处理乘客投诉时，首先要为给乘客带来的不便向乘客表示歉意，处理过程中要关心乘客的需求，做到耐心、有礼，态度友善、语气温和，不能出现顶撞和推诿行为。

3. 现场处理原则

受理乘客服务事务的个人或部门要尽量在现场处理完毕，确保事务处理的有效性。

4. 满意原则

在处理乘客服务事务时，需迅速响应乘客的需求，尽量满足乘客的需要，做好服务补救措施，并及时将无法处理或乘客对回复不满意的事务向上级反映，尽量使乘客满意。

5. 及时原则

乘客服务事务必须及时处理，不能让乘客长时间等待。如果当事人第一时间不能处理，应立即通知上级，相关人员接到信息后，必须在3min内到场为乘客处理相关事务。

6. 百分百回复原则

对于车站受理的乘客服务事务，受理部门必须百分百回复乘客，并做好跟踪和台账记录。

> **特色亮点**（举例）：**乘客第一，安全至上**
>
> 在郑州地铁某站，十一长假前夕乘车高峰时段，站务员发现一名乘客提着行李箱下步梯时有些困难，于是上前帮忙，因人太多，箱子的轮子挤破了乘客的脚，乘客顺嘴埋怨该站务员："怎么搞得，帮了倒忙啊！"该站务员连声道歉，将顾客带到休息区，紧急处理伤口。后来，乘客也意识到其行为不妥，积极向该站务员道歉并表达了感谢。在客流高峰时段，该站务员的工作量已经很大，受到乘客指责并无表达自己内心的委屈，仍然坚守岗位为这位乘客服务，遵守了岗位职责，恪守了事务处理原则，更加彰显了其职业道德，是爱岗敬业的模范。

任务二 投诉受理及处理

任务目标

1. 正确认识乘客投诉，了解乘客投诉背后的期望。
2. 能够分析乘客投诉的原因。
3. 掌握乘客投诉处理的基本步骤。

知识课堂

随着消费者层次的提高，消费者越来越注重自己的权益问题，现在越来越多的乘客为了自己的权益会选择投诉。当乘客乘坐轨道交通时，会对出行的本身和企业的服务抱有良好的愿望和期盼值，如果这些要求和愿望得不到满足，就会失去心理平衡，由此就会产生"讨个说法"的行为，这就是投诉。

一、乘客投诉分析

1. 乘客投诉

由于城市轨道交通服务质量或处理投诉本身没有达到乘客的期望，乘客向有关部门提出不满意的表示。广义地说，乘客任何不满意的表示都可以看作投诉。

扫一扫

处理乘客投诉

2. 正确认识乘客投诉

只要是服务行业，就无法避免消费者的抱怨和投诉，即使是最优秀的服务企业，也不可能永远不发生失误或引起投诉。作为城市轨道交通的客运服务部门，在服务过程中引起乘客投诉是很正常的，不能一味地恐惧投诉、厌恶投诉。

客运服务人员需要对投诉有一个清醒的认识，以积极的态度看待投诉，这样才能更好地处理投诉，更有效地改进服务工作并提高服务质量。

（1）**欢迎投诉** 乘客的投诉能给企业机会，以回顾和检查在乘客服务中不合适的方面，使服务人员或者企业更清楚地认识到自己的不足、发现服务漏洞，从而改正，提升服务质量。在投诉处理过程中，服务人员可以向乘客解释企业的规定和标准，从而使乘客和企业能够更好地相互理解和沟通。

（2）重视投诉 乘客的投诉大多是刺耳尖锐的、直接的、不留余地的。许多服务人员把投诉当成一个"烫手山芋"，希望最好不要发生，可是对于一家企业来说没有投诉的声音未必是好事。因为通过投诉往往可以暴露服务的薄弱环节。有关研究表明：良好的赔偿和投诉处理能给企业带来更有前景的收益，企业从接收到的客户抱怨和投诉所提供出来的信息，能发现服务的漏洞，从而促进企业不断改正不足，提高服务质量，吸引更多的乘客。

3. 乘客投诉产生的原因

（1）企业服务或产品环节失误 未能履行约定，产品或服务质量未达到承诺标准；在业绩的压力下，营销时过高承诺，调高了客户的期望值等。

（2）服务人员的失误 漠视客户的痛苦，服务意愿不足等。

（3）客户方面原因 过分反应，以我为尊；心情不好，发泄不满等。

4. 认识乘客投诉背后的期望，投诉者想通过投诉得到什么

1）想得到重视和聆听，求尊重的心理。尊重是人们的一种很重要的需要。在整个乘车过程中，由于乘客作为消费者始终处于"客人"的地位，求尊重的心理十分明显，也是一般人的正常心理。当乘车某方面服务达不到乘客的要求或者一些现象让乘客很不舒服、使乘客自尊受到伤害（如被服务人员冷漠对待、被服务人员鄙视等）时，他们一般会通过投诉来寻求尊重。

2）希望服务人员知道他们的问题和不开心的原因。一些乘客遇到不满或者挫折时，往往带着怒气投诉，他们如果能把自己的不满和怨气全部发泄出来，那么心理就会得到平衡，情绪也能得到释放和缓解。

3）希望问题尽快得到解决，不想有额外的问题和麻烦，得到明确的解决承诺。

4）获得赔偿或补偿。在接受服务的过程中，如果由于服务人员的职务行为或者城市轨道交通服务企业未能履行相关承诺，使乘客遭受物质上的损失或精神上的伤害时，乘客会通过投诉的方式来获得一定的补偿，包括物质补偿和精神补偿。

二、乘客投诉处理技巧

1. 用心倾听

当乘客在不断抱怨时，服务人员要耐心地倾听，不要轻易打断乘客的讲话，也不要评判乘客的错误，而要鼓励乘客倾诉下去，尽情宣泄心中的不满。此外，倾听也需要技巧，服务人员在倾听乘客叙述时，要注意以下几点：

1）目光要注视乘客，并且表现出温和的神色，不要听着乘客说话而目光看着别处或者边听乘客说话边做其他事情。

2）用嘴巴倾听，即在乘客倾诉的过程中，服务人员要随声附和，如适时插入"我理解""我明白"这样的话语，一方面表示自己在认真倾听，另一方面表示对乘客的重视与理解。

3）用肢体倾听，即在乘客倾诉的过程中，服务人员的肢体动作要随时附和，如当乘客抱怨服务得不好时，服务人员点头示意，并随声附和："嗯嗯，确实是我们的失误，给您造成了不便，实在是抱歉。"

4）在乘客抱怨时，服务人员要随时记录，一方面可以作为处理问题留存的资料证据；

另一方面表示对乘客的尊重，使乘客感受到被重视。

2. 真心诚意道歉

当接到乘客投诉时，无论是否是自己的原因，服务人员都要向乘客道歉，而且要真心实意地道歉，让乘客感受到自己诚恳的态度，切忌虚情假意、敷衍了事地道歉。尤其过失在自己时，服务人员要立即道歉，如"乘客您好，非常抱歉，由于我工作的失误给你带来了不便。"

（1）正确的道歉　服务人员向乘客道歉时，表情要真挚诚恳，语言要礼貌得体，常用的正确道歉语言有："实在不好意思，给您造成的困扰，我向您道歉。""乘客您好，由于我工作的失误给你造成的不便，我感到非常抱歉。""乘客您好，实在抱歉，错误在我，我马上为您处理。"等。

（2）错误的道歉　服务人员向乘客道歉时，错误的做法有：嘴上说对不起，表情却冷漠；道歉声音太小，乘客听不清楚；肢体方面表现出不乐意或不耐烦等。

3. 解决乘客问题

在听完乘客投诉，了解清楚乘客投诉的原因之后，服务人员要给乘客解决问题。解决过程主要包括以下几个步骤：

（1）提供解决方案　提供解决方案时，要考虑以下几点：

1）掌握问题重点，分析投诉事件的严重性。

2）考虑企业既定方针。

3）确定处理者的权限范围。

（2）让乘客认同解决方案　服务人员向乘客提出的解决方案后，要真挚、诚恳地与乘客沟通，尽量使乘客同意解决方案，否则不会消除乘客的不满。如果乘客不同意，服务人员要进一步了解乘客的需求和期望，以便做出新的改进。

（3）执行解决方案　乘客同意解决方案后，服务人员要马上执行、快速解决，不要耽误时间。

如果提出的解决方案不能及时解决，服务人员要坦诚地告诉乘客不能及时解决的原因，并随时向乘客汇报处理的情况和进度，让乘客了解到他们的问题正在得到解决。

4. 感谢乘客

解决完乘客的问题，服务人员要向乘客表示感谢，感谢乘客选择我们的服务并发现服务中的不足。因为乘客的这些批评指导意见会帮助企业提高管理水平和服务质量。常用的感谢语言有："谢谢您的配合。""非常感谢您的建议。"必要时，服务人员要送乘客出站，让乘客感受到自己被重视，切忌怠慢乘客，自己先行离开或者让乘客自己离开。

附：南方某市城市轨道交通公司制定的乘客投诉处理基本步骤

第一步：倾听他的问题（开放式问题发泄情感）。

如何表达你在聆听？

1）听事实——关注内容，明确关键信息，注意细节。

2）听感受——关注情绪、情感和内心的表达。

3）前倾姿势，目光接触（目光的表达占总体交流时间的30%～60%较为合适）。

4）通过语言和肢体传递自己的感受。

5）认真做记录，并向客户复述关键信息。

6）鼓励对方，三句一回应，不断肯定对方意见的价值。

7）不质疑对方，不急于辩解，不急于给结论。

第二步：同情他的遭遇（复述问题表示理解）。

第三步：提出正确的问题（了解需求）。

1）通过提问引导结论的价值。

2）通过提问题引导客户关注重要信息。

3）通过提问使对方确认事实，用对方回答的事实来澄清问题。

4）可以照顾客户的感受，避免把你的结论"卖"给他，尽量少告知。

5）能够保持客户的自尊心，让客户自己去修正错误。

6）容易引导客户说"是"，避免"抗拒"。

7）快速引导客户由情绪到解决问题上来。

第四步：达成处理协议（让客户选择）。

第五步：检查协议执行（如首问责任制）。

第六步：修复关系（3句话）。

服务口头禅：

您说得很有道理，_____。

我理解您的心情，_____。

我了解您的意思，_____。

谢谢您的建议，_____。

我认同您的观点，_____。

您这个问题问得很好，_____。

我知道，您是为了我（我们）好，_____。

三、乘客投诉案例分析

案例一：设备、设施不到位

事情经过：乘客乘坐地铁五号线到某站下车。先是在出口处一卡通卡无法使用，到服务窗口被告知前一次刷卡没成功，扣了3元钱。乘客因着急出站，交钱后离开。因乘客到达目的地走B2出口较近，走到出口前才发现该出口无故封闭，地铁站内、外没有任何标识提示出口问题，广播中也没有提示，于是乘客便投诉。

事件分析：票务中心工作人员在处理乘客票卡事务时，没有向乘客做应有的解释，导致乘客误会。因施工原因地铁口被封，工作人员没有及时给予乘客应有的标识提示，导致乘客寻找出口，耽误时间，最终矛盾出现。

技巧点评：员工在处理乘客车票时应加强工作责任心，特别是储值票乘客持车票无法正常进、出站时，应确认是什么原因导致乘客的车票不能正常使用，及时提醒乘客注意。工作人员应在被封出、入口及时摆放提示标识牌，向乘客做好解释，并正确指引乘客出站。

案例二：客服人员业务素质

事情经过： 某日，有一名女乘客到客服中心处充值，因打印机反应较慢，乘客因赶时间催促售票员几句。充完值后看到售票员未戴员工号，顺口问了一句"你的员工号呢？"。售票员直接回答"又没有影响您充值！我没员工号"，对此，乘客很不满引起了投诉：地铁是一个服务行业，员工没有员工号？

事件分析： 该员工是一名新员工，暂未配发员工号，但没有按要求佩戴胸卡代替员工号，是引起乘客投诉的主要原因。员工服务意识欠缺，当乘客提出疑问时，没有委婉地回答乘客。在发现乘客不满时，没有及时通知值班站长到场向乘客解释，而是认为自己没有错，乘客投诉也没有问题。

技巧点评： 微笑服务，"不好意思，我是新员工，暂时还未有员工号，有什么不周到的地方请指出。"员工遇到有乘客询问工作以外的事时，应有敏感度或者应礼貌地问"你好！请问我有什么不周到的地方吗？"，降低乘客的不满。通知就近员工过来为此乘客服务，对乘客表示关怀。如果乘客提出要求、建议，应说"谢谢您的建议，我会诚心接受，并将此建议传达我的上级"。

案例三：服务技巧，站台服务也重要

事情经过： 某日，站台巡视员发现一名乘客候车时坐卧在扶梯的不锈钢面板上，便请乘客不要在扶梯上坐卧，然后就到下行线接车。当巡视员再次回到上行线后发现乘客并没有从扶梯上下来，就再次要求乘客下来，由于没有耐心地对乘客使用文明用语，乘客对巡视员劝阻的语气和态度表示不满，提出：要将不好的服务照下来。同时，用手中的手机对着巡视员做拍照的动作。巡视员用手挡住镜头，乘客继续做拍照的姿势，巡视员再次挡住，并对乘客说："拍什么拍！"乘客和巡视员之间矛盾激化。

此时上行列车准备进站，乘客就从扶梯上下来，快步走向站台边准备上车。此时巡视员转身向紧停按钮处走去，准备接车。由于两人所处位置较近，在转身过程中相互之间发生碰撞，乘客误认为巡视员有意碰撞，所以转身用肩膀大力地撞了巡视员两下后准备上车离去，巡视员拉住乘客，问为什么要撞人，乘客表示强烈不满，并要求巡视员叫站长下来处理。巡视员与乘客有言语冲突。

事件分析： 站台巡视员在劝阻违规候车乘客时未耐心使用礼貌用语，造成乘客不满是此次事情的主要原因。乘客进一步不满时，巡视员没有意识到严重性，说了不该说的话，没有及时通知值班站长到场处理，导致问题进一步恶化。在与乘客发生误会时，未及时向乘客解释道歉，导致事态进一步恶化，并拦阻乘客上车。行车值班员对站台工作监控不到位，没有发现站台的异常情况。

技巧点评： 客运服务人员劝阻乘客违规行为时，应态度和善，语气平和。作为服务工作者，应该遵守行业规范，忌讳说侮辱乘客的话，坚持"打不还手、骂不还口"，以理服人、以礼待人。在乘客表示不满时，提高敏感性，及时报告车控室，由值班站长及时处理。当乘客不理解或责骂时，要聆听意见，保持冷静，不要跟乘客争对错，把问题交给其他人处理，不能影响本岗位工作。

案例四：乘客因素，乘客晕倒，家属要求索赔

事件经过： 某日，广州地铁鹭江站 A 端 1 号扶梯处，一位老人从站厅乘扶梯下站台，行至中部老人突然向后跌倒撞到扶梯台阶上，脑后部流血。车站工作人员发现后立即进行简单急救并通知 120，随后通知其家属赶到车站，车站派人陪同家属一起送伤者到 × × 医院救治。车站找到事发当时位于老人前、后的两名目击证人，并留下证词。事后当事人家属以扶梯当时运行异常、安全警示标识不足为由向地铁公司提出承担受伤老人的医药费等赔偿要求，并投诉。

事情分析：

1）本案发生在付费区内，乘客登车之前，运输合同已经成立，但不在运输过程中，地铁公司只有在存在过错的情况下才承担相应的责任。

2）车站设备维修人员事后对 1 号扶梯进行检查，扶梯未发生故障，运行记录正常。两名同时乘坐扶梯的目击证人也可以证明，当时扶梯属正常运行并无异常情况。扶梯在运行过程中产生的轻微晃动是人体可以正常接受的。

3）扶梯的安全警示标识齐全，有"靠右站立""紧握扶手"等图文提示标识。地铁公司在设备设施上不存在安全措施不力的情况，乘客由于自身原因不慎摔伤，地铁公司不存在过错，不需承担赔偿责任。

技巧点评：

1）能及时留住两名目击证人，并写下了有效、有力的证词，有利于事后的处理与跟进。

2）车站工作人员能立即进行简单急救，地铁公司在救助方面履行了应尽的义务。

3）车站工作人员能及时与当事人家属联系，并陪同前往医院，服务到位。

案例五：残障人士出行寻求帮助

事情经过： 某日，上海某地铁站一位盲人乘坐地铁，向车站工作人员说明情况，表示只要工作人员将他送上列车就可以。但工作人员表示因其有其他重要的工作，安排其他工作人员送乘客上车，但乘客等待 10min 之后，因工作人员忘记此事，致使乘客并无人员接待，于是引起投诉。

事情分析： 发现需要帮助的乘客，为他们提供服务是客运服务人员的本职工作，在面对身有残疾的特殊乘客时，需要提供个性化的服务，让乘客感受到良好的服务氛围。乘客提出希望能送他上车，工作人员虽有重要的工作要做，说明工作人员没有将乘客利益放在第一位，为了其他工作忘记了乘客的合理要求，服务意识不强。

技巧点评：

1）合理热情答应乘客要求，在岗位上有人的前提下送他上车。

2）及时向当班站长反映这一情况，请当班站长派有空闲的工作人员护送乘客到目的地。如果车站人员无法离开岗位，当班站长应派人送乘客上车，并与乘客目的地的车站站长取得联系，派人接应。

案例六：乘客索取充值小票未果

事情经过：某乘客在某站票务中心给储值卡充值50元。据该乘客反映，该站票务中心站务员A业务不熟练且态度差，并且在充值完成后没有主动提供给其充值小票，该乘客向其索要后，站务员A依然没有提供小票并告知其在目的站出站时领取。在该乘客到达目的站没有领取到充值小票的情况下，通知客服人员联系出发站问询情况，该站站长则说给过其小票了；同时，为该乘客办理充值业务的站务员推卸责任，声称该乘客没有主动向他索要小票，因此不予提供。后来在乘客的再三要求下，站务员A找到了没有提供给乘客的充值小票，并通知该乘客次日来车站领取。

事情分析：

1）站务员A业务不熟练，未及时将充值小票交给乘客；在乘客索要小票时，误导乘客在出站时领取。

2）车站站长在客服调查过程中包庇员工，捏造事实；面对投诉时态度不端正。

技巧点评：

1）车站员工必须端正服务态度，严格执行相关规章制度，不得无故拒绝乘客的合理要求。

2）面对投诉调查时，车站必须实事求是，不得有包庇员工、捏造事实的现象出现。

3）车站必须加强员工服务意识及服务技巧的培训。

案例七：乘客逃票行为

事情经过：一名女乘客在车站与母亲共用一张储值卡出站后被工作人员发现，工作人员告知乘客储值卡应一票一人使用，此行为属逃票行为，要求乘客到票务中心补票。该女乘客到票务中心进行询问，票务员甲告知乘客需补线网最高票价，乘客问为什么补线网最高票价，甲说："没票乘车，带有惩罚行为，"乘客给了票务员现金予以补票，并要投诉，票务员甲某感觉事情不妥，及时通知车控室。值班站长乙赶往现场，到达现场后向乘客了解情况，乘客不听乙解释，要求投诉售票员甲，乙让甲给乘客写了工号与投诉电话，乘客便离开了车站。之后该乘客连续多天拨打投诉电话都没有打通，后来得知电话号码是错的，乘客觉得站务人员这样的服务态度非常恶劣，并且故意误导乘客，给乘客错误信息，严重影响了地铁形象，因此对车站员工进行了投诉。

事情分析：

1）该工作人员和售票员甲欠缺服务技巧，在向乘客解释票务政策时使用"逃票""惩罚"等不恰当字眼，让乘客感觉备受伤害、委屈，引起乘客不满，这是发生该投诉事件的主要原因。

2）值班站长乙到达现场后没有起到平息事态的作用，在乘客情绪激动、不听相关人员解释、索要投诉电话时没有挽留乘客，平息乘客的情绪，导致事态进一步扩大，是发生投诉事件的次要原因。

3）在乘客索要投诉电话时，值班站长乙让售票员甲写投诉电话及工号，没有考虑到员工因害怕投诉没有将正确的投诉电话及工号告知乘客；乙在甲写完电话及工号后未进行核实，对该事件的发生负有一定的责任。

4）售票员甲的服务意识不到位，由于个性特点，表情呆板、没有微笑服务，导致乘客觉得其服务态度不好；同时，未能灵活处理该乘客事务，处理问题的时间过长，让乘客长时间等待，进一步引发乘客的不满，这是发生该投诉事件的原因之一。

5）车站、站务分部对员工服务技巧和技能等培训不到位，针对不同员工的个性特点从事服务工作有可能引发的后果没有提出建议，是造成该投诉事件发生的另一原因。

技巧点评：

1）车站工作人员在处理乘客事务时，措辞需谦虚谨慎，严禁使用"惩罚""罚款"等不恰当字眼，严禁有得理不饶人的情况发生。

2）车站各岗位须严格遵守相关岗位的作业标准，严禁将个人情绪带到岗位，坚持微笑服务；遇到乘客事务时应迅速处理、汇报，防止因自身原因让乘客等待时间过长。

3）值班站长在处理投诉时，应将投诉控制在车站现场；在乘客情绪激动时，需先稳定乘客情绪，不应一味地解释，激化矛盾。

4）车站给予乘客的信息必须保证正确，不得给乘客错误信息，误导乘客。

5）车站需加大员工服务技巧的培训力度，全面掌握员工的性格和健康状况等信息，做到合理布岗排班，防止因员工的个人原因导致投诉的发生。

四、如何减少乘客投诉

客运服务人员在日常行车服务工作中难免会和乘客发生一些矛盾，这本是正常的，当这些矛盾出现时，如果处理不当，就很容易成为乘客投诉的导火线，因此，为了尽量减少乘客投诉，势必要在减少和化解与乘客的矛盾上下功夫。

1. 爱岗敬业，突出一个"勤"字

首先要热爱自己的职业，才能在客运服务的工作岗位上创造出优良的成绩，反之，如果对自己的本职工作认识有偏差，在工作中就难免出现心绪不宁，因此和乘客之间的矛盾接踵而来，所以热爱城市轨道交通事业、增加工作热情和责任心，是避免乘客投诉的前提和关键。

2. 服务周到，体现一个"细"字

常言道，于细微处见真情，而服务工作，更显得"细"字的重要，当发生矛盾时，通过细心的解释和细致的服务，就能达到化解矛盾和消除投诉之效果。

3. 态度诚恳，讲究一个"真"字

在日常工作中，一些乘客往往会因为一些小事而对客运服务人员的工作有所想法，但是，绝大部分乘客都是通情达理的，只要客运服务人员态度诚恳，虚心接受，以真心换真心，就能取得乘客的理解。

4. 方法灵性，注重一个"巧"字

面对不同性别、不同年龄、不同职业的乘客，处理矛盾和问题要因人而异，有的可以通过摆事实、讲道理加以说服，有的要以诚恳的态度，委婉的语调加以劝说，有的则要得理让人，适用"冷处理"。

只要客运服务人员深深爱上客运服务的工作岗位，全身心投入工作中，相信工作会越做越有信心，越做越好，乘客的投诉自然会远离。

服务是一种态度，态度有偏差，直接影响服务的质量，如果客运服务人员的服务态度是冷漠的，提供的服务将是被动的；客运服务人员是热情的，提供的服务就是主动的。服务态度是服务质量的基础，微笑服务是服务质量的关键，因此提倡微笑服务，对待乘客应该要"多一分关爱，少一分冷漠。"态度决定一切，成功源于细节。

> 🔍 **特色亮点**（举例）："服务之星"的几个一点
>
> 　　在郑州地铁某站举行的客服人员经验交流会上，获得"服务之星"称号的某工作人员跟同事们这样说：选择了地铁服务这一职业，就要既来之则安之。干一行，爱一行。在工作岗位上认真对待每一件事，每一个人，提升自己的职业价值，增强自己以及乘客的生活幸福感。在处理地铁乘客抱怨和投诉时，做到这几点：
>
> 　　1）耐心多一点，耐心倾听地铁乘客的诉说，不打断乘客，不要主观臆断乘客的要求，不批评乘客。
>
> 　　2）态度暖一点，对乘客礼貌友好，平复乘客情绪，促使乘客理智地协商解决问题。
>
> 　　3）动作快一点，及时快速地处理乘客事务，让乘客感觉到受尊重，提高乘客的生活幸福感。
>
> 　　4）办法多一点，在处理乘客投诉时，除了道歉或者补偿之外，可以邀请乘客回访、参观、参加地铁针对乘客的各种活动等。

任务三　乘客失物处理

📊 任务目标

　　1. 掌握城市轨道交通乘客遗失物品的管理办法。
　　2. 具备树立城市轨道交通运营企业优质服务形象的能力。

📊 知识课堂

　　城市轨道交通在解决人们基本出行中发挥了骨干作用，有力地缓解了交通拥堵，促进了节能减排，为构建高效能的城市综合运输系统提供了重要支撑。但是其客流量大、人员上下车频繁、站点停靠时间较短，乘客容易发生随身携带的物品遗失，一方面给乘客带来了烦恼

和麻烦，另一方面考验着城市轨道交通客运服务部门的工作时效，直接影响着城市轨道交通运营企业的形象及声誉。

一、失物的分类

失物按其金额大小、贵重程度、重要程度分为一般失物和特殊失物。一般失物包括普通衣物和日用品等，特殊失物包括信（文）件、现金、手机、贵重首饰、银行卡、证件、危险品、违禁品和易腐物品等。

二、失物处理的原则

1）专人专管原则。车站客运值班员负责本站遗失物品的登记、保管和认领移交。

2）双人同时执行。遗失物品的清点、检查、登记、认领应有双人（客运值班员职务以上人员）同时执行。

3）描述失物特征，出示有效证件。失主认领遗失物品时应描述失物特征，出示有效证件，车站值班站长或客运值班员核对无误并办理有关手续后，才可将失物交还给失主。

4）违禁物品、贵重物品转交车站公安。如果遗失物品为违禁物品、危险品、机要文件、大额现金或有价票据及贵重物品，应立即转交车站公安，车站保存移交记录备查。

5）遗失物品未交还失主前，车站应妥善保管，任何单位和个人不得侵占或挪用。

6）车站只办理当天失物的认领工作，隔日的失物认领应到失物处理中心办理。

7）遗失物品在失物处理中心保管超过 3 个月的，按无人认领失物处理。

三、失物处理工作程序

1. 一般失物处理工作程序

1）当面检查、核对、填单并签名确认。车站客运值班员与失物拾获人当面检查、核对失物，并详细填写"车站失物处理登记单"，注明失物数量及特征，双方签名确认。

2）粘贴失物标签。根据"车站失物处理登记单"填写"失物标签"并粘贴在失物上。

3）如果有失主联系资料，应及时通知失主到车站认领失物。如果无失主联系资料，车站应对失物进行妥善保管。

4）当天如无失主认领失物时，车站应在当日运营结束前利用末班车（也可在第二天）将本站失物移交到失物处理中心。

2. 特殊失物处理工作程序

1）信（文）件：对于有"特快专递""挂号""绝密"等字样或未付邮资的信件，填写"车站失物处理登记单"后立即交站内车站公安签收处理。已付邮资的邮件由车站代为投寄。其他信（文）件按一般失物处理。

2）现金及其他有价票据：2000 元以内的现金由车站当值值班站长与车站当值客运值班员双人核实，填写"车站失物处理登记单"移交失物处理中心。对现金总额在 2000 元以上、有价票据总额在 2000 元以上的，车站应要求车站公安介入，协助调查，在填写"车站失物处理登记单"后移交车站公安签收处理。

3）危险品及违禁品：发现枪支、弹药、汽油、硫酸等易燃、易爆、腐蚀、剧毒物品时，车站人员在填写"车站失物处理登记单"后立即将之移交车站公安签收处理。

4）食品与易腐物品：食品与易腐物品不需移交失物处理中心，可由车站自行处理；有包装的食品保管期为 72h，如果限定时间内无人认领，由车站自行处理；无包装的食品及易腐物品（如肉类、蔬菜等），保管到当天关站时由车站自行处理。

3. 一般失物认领程序

1）由认领人提供失物名称、遗失地点、遗失时间，车站或失物处理中心初步确认是否有人认领所提供信息的相辅物品。

2）如果有认领人提供信息的相辅物品，则请认领人提供两项以上最能表现失物特征的证明。如果特征相符，则由车站客运值班员及值班站长共同确认并办理手续。

3）凭证件领取。认领人须凭本人身份证或其他有效身份证明办理领取手续。认领时，要求认领人如实填写相关资料，并由双方在"车站失物处理登记单"上签名确认。

4）各车站只办理当天失物的认领，其认领手续按相关规定办理。

5）若车站失物当天无人认领，应由当天客运值班员同本站当值值班站长确认登记后交失物处理中心。

4. 现金的认领程序

1）拾得现金后，能及时找到失主的，按上述规定办理认领手续。在其他情况下，现金的认领一律在乘客失物处理中心办理。

2）凭证件领取并登记。若乘客认领现金，站台工作人员须确认认领人身份后才可办理认领手续，双方在"车站失物处理登记单"上做好登记签收后，即时与失主办理交接手续。

3）失主认领现金时，"车站失物处理登记单"认领事项中的证明人必须是车站站长或车站当值值班站长签名才为有效。其中，500 元以上、2000 元以下的现金认领，其证明人必须是车站站长。

4）失物处理中心办理 500 元以上、2000 元以下的现金认领时，必须对"车站失物处理登记单"第二联进行复印备查。

5. 失物存放及保管

失物处理中心必须对接收的失物建立计算机台账，并对失物进行分类存放。

贵重物品，如钱包、手机、首饰、有价票据、现金存款单等，必须存放于保险柜内。其他物品，如雨伞、文件、证件等，可存放于储物架或文件柜内。

失物处理中心工作人员必须每季度对存放失物进行清理、造册，并按有关规定处理。

6. 无人认领失物的处理

1）对无人认领的地铁车票、现金，每月统计 1 次，上交有关部门进行处理。共同交接时，需通知相关负责人到现场监督双方交接。

2）对无人认领的银行磁卡，交还各发卡银行进行处理。银行不受理时，由失物处理中心所在车站站长或值班站长及 1 名车站工作人员将银行磁卡剪去一角后交由车站保洁处理，但应通知相关负责人在场监督处理过程。

3）对于无人认领的普通证件、普通文件，每半年清理 1 次。由处理中心所在车站站长、值班站长及 1 名车站工作人员清理后交由车站保洁处理，但应通知相关负责人在场监督处理过程。

4）对其他无人认领失物，每半年清理 1 次，由失物处理中心统一造册，由相关负责人联系民政局或可接受捐赠部门进行处理。失物处理中心在交接无人认领失物时，须有相关负责人在场监督。

7. 其他

车站站长应经常检查遗失物品的登记、保管和移交情况，发现问题即时处理。

车站应保持"车站失物处理登记单"页码（也叫作编号）的完整，不能出现少页、断页的情况。

失物处理中心与其他相关部门交接失物后必须保存相关记录，以便日后备查，并要及时通知相关部门人员监督交接过程。

8. 寻找失物流程

（1）挂失　乘客丢东西后可找站内工作人员求助，也可"挂失"，报告失物的特征、丢失时间和位置等。失物系统会自动对银行卡号码、证件号码等信息进行"加密"，防泄露隐私。

（2）查询　乘客挂失时，工作人员同时在失物登记系统内查询是否有类似被捡到的失物信息。

（3）匹配　如果没有类似失物信息，挂失信息会及时在系统内发布。一旦捡到物品，系统自动匹配成功后会提示工作人员联系失主。

附：某城市轨道交通运营中心关于乘客失物处理相关部门职责分配

1）安全监察部负责无人认领的地铁车票（单程票除外）处理的监督。

2）办公室负责无人认领的一般失物、银行卡、社保卡的处理。

3）票务部负责无人认领的地铁车票的处理。

4）车务部职责。

5）车站工作人员的职责。

① 接收车站范围内的失物，包括员工和乘客拾获的失物。

② 负责失物在车站的临时保管。

③ 负责对失物进行清点、检查，填写"车站失物处理登记表"（附件A），张贴"失物标签"（附件B），进行登记分类。

④ 负责通知权利人领取及按规定办理当日失物的认领工作。

⑤ 运营结束后，负责将当日无人认领的失物向失物招领网发布招领信息。

6）司机负责列车上拾获失物的临时保管并上交统一的失物处理中心。

7）失物处理中心工作人员的职责。

① 接收车站及司机移交的失物，并对未发布招领信息的失物在失物招领网发布招领信息。

② 负责将失物信息录入计算机，以便查询。

③ 负责通过失物上的有关信息尝试联系权利人。

④ 按规定办理失物的认领。

⑤ 负责解答乘客现场及电话查询。

⑥ 负责失物分类及保管。根据失物种类，分别存放在储存柜或保险箱内。

⑦ 负责对无人认领失物进行清理统计，并按规定程序处理。

8）客服管理工作人员的职责。

① 负责检查部门失物处理情况。

② 负责已霉、已腐及潮湿物品处理的监督。

③ 负责无人认领失物处理的监督。

附件 A：车站失物处理登记表（样表）

附件 B：失物标签（样表）

附件 C：车站无人认领失物处理登记表（样表）

附件 A

车站失物处理登记表（样表）

填表单位：_____站　　　　　　　　　　　　_____年___月___日

Q/ZZDT

0083-01-B1

失物名称		物品类别		拾获时间	
拾获地点		拾获人		联系方式	
接收人		员工号			

具体经过：

失物清单及描述	1		4	
	2		5	
	3		6	

移交时分	处理中心签名		员工号		车站签名		员工号	
	地铁公安签名		员工号		车站签名		员工号	

贴收据处：

认领事项	经本人确认，以上所列物品为本人遗失物品，现已如数领回。如有冒领，本人承担相关一切责任。特此声明			
	领取人		证件名称 / 号码	
	联系电话		联系地址	
	领取时间		经办人	证明人

备注：

本单一式两联，第一联车站留存（白色），第二联处理中心 / 地铁公安（黄色）××××××留存。

附件 B

失物标签（样表）

0083-02-B1 Q/ZZDT

记录编号	
物品类别	
拾获时间	
拾获地点	

附件 C

车站无人认领失物处理登记表（样表）

0083-03-B1 Q/ZZDT

序号	失物名称	拾获单位	拾获日期	失 物 描 述	登记编号

移交部门（签章）： 经办人：

受理部门（签章）： 经办人：

监督部门（签章）： 经办人：

_____年___月___日

本表一式两联，第一联处理中心保存，第二联接收部门保存。

课后习题

一、填空题

1. 乘客对轨道交通的（　　）（　　）（　　）、表扬等统称为乘客事务。

2. 乘客事务的分类按事务主体可分为人员服务类、（　　）和（　　）等。

3. 乘客对城市轨道交通服务的需求层次有：（　　）（　　）、差异化服务和全面体验。

4. 乘客事务的分类按事务提交形式可分为来访、来电、来信、（　　）（　　）（　　）、其他部门转发等。

5. 乘客投诉是指由于城市轨道交通（　　）或处理投诉本身没有达到乘客的期望，乘客向有关部门提出不满意的表示。

6. 失物按其金额大小、贵重程度、重要程度分为（　　）和（　　）。

二、选择题

1. 下列属于乘客投诉产生的原因是（　　）。

    A. 服务或产品环节失误，产品或服务质量未达到承诺标准

    B. 服务人员的失误：漠视客户要求

    C. 客户自身原因：心情不好，发泄不满

2. 对于城市轨道交通服务人员来说，处理乘客投诉的基本技巧是（　　）。

    A. 用心倾听   B. 真心诚意道歉

    C. 解决乘客问题   D. 感谢乘客

3. 下列乘客遗失的物品不属于一般失物的是（　　）。

    A. 普通衣物   B. 蔬菜篮子   C. 日用品   D. 工业酒精

4. 下列乘客遗失的物品属于特殊失物的是（　　）。

    A. 信（文）件   B. 现金   C. 手机   D. 证件

三、判断题

1. 失物处理中心无须对接收到的失物进行分类存放，只需要发布招领告示即可。（　　）

2. 对无人认领的地铁车票、现金，每月统计 1 次，上交有关部门进行处理，共同交接时，须通知相关负责人到现场监督双方交接。（　　）

3. 一般失物可以由认领人提供失物名称、遗失地点、遗失时间等信息来领取遗失物品。（　　）

四、简答题

1. 简述乘客事务处理原则。

2. 如何正确认识乘客投诉？

3. 工作人员解决乘客投诉问题过程主要包括几个步骤？

项目六

城市轨道交通客运服务质量

学习导入

　　城市轨道交通服务质量测评是通过定性或定量的方法，了解乘客对服务水平的期望，并将其与现有服务水平进行比较，找出其中的差距，为进一步提高服务质量奠定基础。城市轨道交通运营企业只有在满足乘客需求的基础上取得经济效益，才能得以长期生存和发展。

　　乘客对目前轨道交通运营企业的服务质量是否满意？可以从哪些方面测评轨道交通企业的服务质量？如何获悉乘客对轨道交通企业服务质量的满意度？这些问题都是本章将要讨论的主要问题。

任务一　客运服务质量标准

任务目标

1. 了解城市轨道交通服务质量的定义。
2. 掌握城市轨道交通服务质量的内容。
3. 理解城市轨道交通服务质量的评价体系。

知识课堂

一、城市轨道交通服务质量的定义

　　服务质量的概念是从有形产品的质量概念引申而来的，由于服务的抽象性、差异性和不可分离性等特性，使服务质量的概念和有形产品的质量概念在内涵上有很大的不同。

　　服务质量是指满足规定要求和隐含需要的特性总和。它符合设定标准的程度和满足顾客期望的程度，反映了服务质量的水平。城市轨道交通客运服务中，服务质量的定义为：服务组织为乘客所提供服务的程度。

服务质量与产品质量的形成过程不同。对于制造行业生产的有形产品来说，产品质量与服务质量是分离的，服务质量主要是在销售过程中或售后服务中才形成的；对于服务行业来说，由于它本身提供的就是无形的服务产品，因此它的服务质量就是产品质量。服务质量与产品质量的衡量标准也不同，一般所说的产品质量是指反映实际产品的结构、材料、成分、外观和性能等各种产品特性的技术指标，这些指标绝大多数可以用技术方法予以客观地测定。在许多情况下，服务质量只是在买卖双方相互作用的真实瞬间实现，服务质量的高低往往取决于顾客的自我感知，感知的差距就是衡量质量的标尺。根据这些差异，总结提炼出的服务质量模型如图 6-1 所示。

城市轨道交通客运是一个特殊、复杂的服务系统工程。城市轨道交通运营企业的产品主要包含两方面的内容：一方面是运营企业生产过程的结果，即"位移"；另一方面是乘客出行过程中形成的各种服务，即"出行服务"。前者反映了运营企业的生产性，后者反映了运营企业的服务性。两者的组合构成了城市轨道交通运营企业的产品。

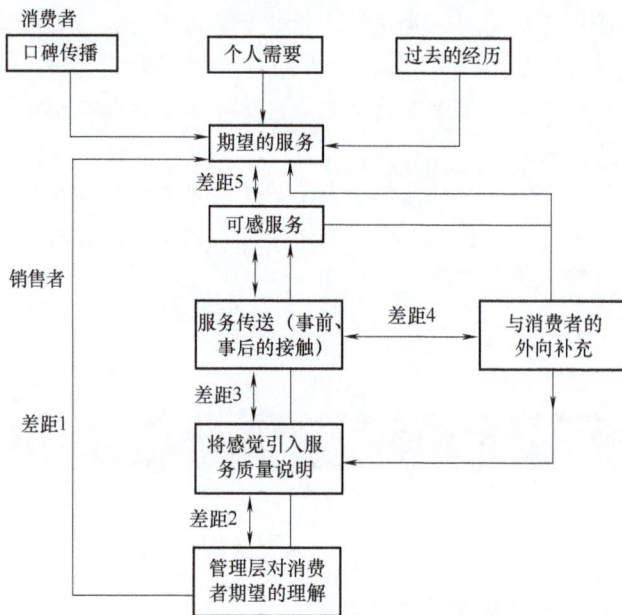

图 6-1　服务质量模型

二、城市轨道交通服务质量的内容

（1）**运输效率**　运输效率包括平均乘车距离、服务范围、发车频率、运力、乘车适合性（如对儿童、老人等）和可靠性等。

（2）**换乘服务**　换乘服务包括步行、自行车和汽车等交通方式之间的方便换乘，如公共交通之间的换乘和轨道交通之间的换乘等。

（3）**信息服务**　信息服务包括一般信息（如运行时间、线路图、时刻表、动态提示信息、安全信息等）、必要信息（如可达性、标识、票务等）、非正常状态信息（如事故、故障、事件信息等），以及信息交流（如投诉和建议等）等。客运服务信息应说明信息来源，并向乘客提供有效性、可靠性、及时性的信息。

（4）**时间效率**　时间效率包括运行时间、行车守时性和准时性、平均候车时间、平均换乘时间。

（5）服务设施　服务设施包括服务设施舒适性、环境条件、补充服务设施（卫生间、通信设施、食品亭、商业和娱乐设施）等。

（6）治安与安全　治安与安全包括治安设备、事故预防、紧急情况预案和紧急响应等。

（7）运营环境　运营环境包括通风、振动与噪声、尘土和垃圾、气味、视觉、电磁辐射和干扰等。

（8）乘客关怀　乘客关怀包括向乘客提供适宜或舒适的候车和乘车环境；残疾人、儿童、老年人、体能障碍者使用的设施设备；询问、投诉和赔偿服务；相应的环境信息、客流信息，对乘客拥有的（乘车、购票等）选择权进行规定，还包括对长距离通勤乘客的候车、乘车舒适性、对骑自行车乘客的乘车和换乘进行规定，充分考虑和关心不同乘客的需要；服务人员精神面貌、服务技能和态度以及服务灵活性等。

（9）企业服务承诺　城市轨道交通客运服务机构应就其服务向乘客做出承诺，并通过多种方式向乘客和社会公布。出现意外情况或因为某种需要引起服务内容变化或服务质量提高或降低时，要采用服务声明向乘客公示或向社会公布。

三、城市轨道交通客运服务的评价体系

虽然各城市轨道交通建设和管理的情况各异，但提高乘客服务水平、打造城市轨道交通的优质客运服务品牌是各运营企业的共同目标。城市轨道交通服务水平评价体系如图6-2所示。

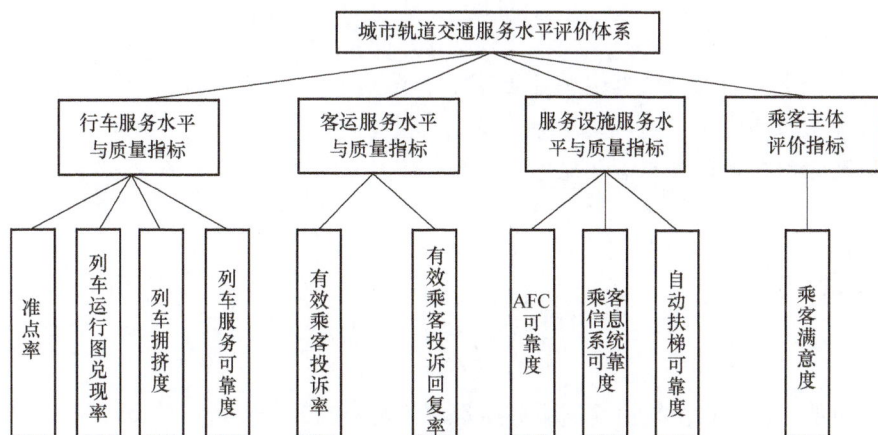

图6-2　城市轨道交通服务水平评价体系

在图6-2所示评价体系中，各指标含义如下：

（1）准点率　准点率为准点列车次数与全部开行列车次数之比，用以表示运营列车按规定时间准点运行的程度。凡按运行图图定的时间运行，早、晚不超过规定时间界限的为准点列车，准点的时间界限指终点到站时间误差不大于2min的列车（市域快线轨道交通系统除外）；市域快线轨道交通系统准点的时间界限指终点到站时间误差不大于3min的列车。

（2）列车运行图兑现率　列车运行图兑现率指实际开行列车数与运行图图定开行列车数之比。实际开行列车数中不包括临时加开的列车数。

（3）列车拥挤度　列车拥挤度指线路高峰小时，平均断面客运量与线路实际运输能力之

比。线路实际运输能力为列车定员和线路高峰小时发车量的乘积。

（4）列车服务可靠度　列车服务可靠度指列车行走多少千米才遇到一次 5min 或以上的延误，数值越大，表明可靠性越高。

（5）有效乘客投诉率　有效乘客投诉率指有效乘客投诉次数与客运量之比。

（6）有效乘客投诉回复率　有效乘客投诉回复率指已经回复的有效乘客投诉次数与有效乘客投诉次数之比。有效乘客投诉是指在接到投诉之日起，7 个工作日内回复的投诉。

（7）AFC 可靠度

1）售票机可靠度指售票机实际服务时间与售票机应服务时间之比。实际服务时间包括正常的加票和加币时间。

2）进、出站闸机可靠度指进、出站闸机实际服务时间与应服务时间之比。

（8）自动扶梯可靠度　自动扶梯可靠度指自动扶梯实际服务时间与应服务时间之比。

（9）乘客信息系统可靠度

1）车站乘客信息系统可靠度指车站乘客信息系统实际服务时间与应服务时间之比。

2）列车乘客信息系统可靠度指列车乘客信息系统实际服务时间与应服务时间之比。

任务二　客运服务质量评价

任务目标

1. 了解城市轨道交通客运服务质量的分类。
2. 掌握城市轨道交通客运服务质量评价模型。
3. 理解城市轨道交通客运服务质量评价方法。

知识课堂

一、城市轨道交通服务质量评价的分类

按照评价的主体，城市轨道交通服务质量评价可分为政府评价、社会评价、企业评价和乘客评价。

（1）政府评价　政府评价主要针对城市轨道交通企业的管理及运营，侧重于企业所提供的服务水平，并对企业的等级进行划分。

（2）社会评价　社会评价主要侧重于企业所树立的社会形象和整体服务水平的辨识及评估，评价主体主要包括各类社会群体，如乘客、社会媒体和行业管理机构等。

（3）企业评价　企业评价主要是通过员工调查评价企业的内部服务质量，显示内部规章制度对服务质量的控制能力。

（4）乘客评价　乘客评价主要是乘客根据实际的交通服务消费体验对城市轨道交通服务质量进行综合评价。其中，最具影响力的是乘客满意度评价，对服务质量的改进更具有针对性。

二、城市轨道交通服务质量评价模型

服务质量评价模型实际上是对服务质量定量化描述的成果。芬兰的格罗鲁斯在 1982 年提出了可感知服务质量的概念，得到了理论界的广泛认可。之后学者们在此基础上展开了对服务质量测量的研究，产生了多种评价模型。

（1）**可感知服务质量模型**　格罗鲁斯提出的服务质量有两个基本构成要素：技术质量和功能质量，还包括对顾客服务质量具有过滤器作用的企业形象质量。

技术质量是指乘客在服务过程中实际得到的东西，又称为结果质量。例如乘客通过运输服务得到了"位移"。由于技术质量对乘客来说有较为统一的标准，所以比较容易评价。

功能质量是指乘客是如何得到服务的，具体表现为在服务过程中，服务人员的工作方式、工作效率和工作态度等能给乘客带来的利益和享受。例如乘客在服务过程中获得的身心愉悦、情绪舒畅等。由于功能质量完全取决于乘客的主观感受，由于和乘客自身的习惯、个性相关，不同的乘客对同一服务的评价可能是不同的，因此量化比较困难。

技术质量和功能质量构成了乘客感知服务质量的基本内容。格罗鲁斯在服务质量的理论模型中还提出了企业形象对服务质量的影响。企业形象质量是指企业在社会公众心目中的总体印象，它不仅影响乘客的服务期望，也影响乘客的服务感知。形象质量是乘客感知服务质量的过滤器，而乘客感知的服务质量反过来决定着企业的形象质量。格罗鲁斯的可感知服务质量模型如图 6-3 所示。

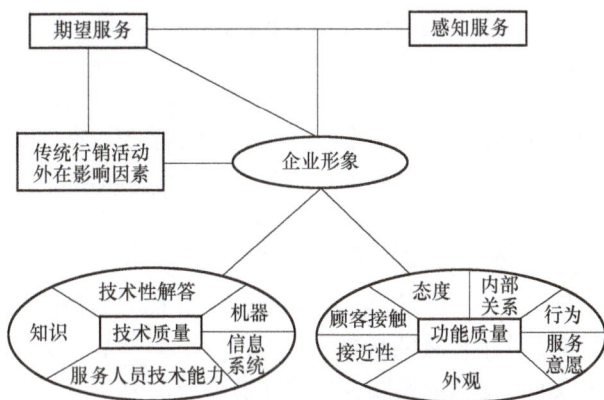

图 6-3　格罗鲁斯的可感知服务质量模型

（2）**差距分析模型**　格罗鲁斯认为服务质量是存在于乘客头脑中的主观印象，主要决定于乘客对此服务的期望质量（即接受服务前对服务水平的期望）和其感知质量（即接受服务时实际感知到的服务水平）的差距，即服务质量（SQ）＝服务感知（P）－服务期望（E）。格罗鲁斯的服务质量差异评价模型如图 6-4 所示。

当服务感知远远大于服务期望时，乘客认为服务质量是非常优异的；当服务感知大于服务期望时，乘客认为服务质量是良好的；当两者基本相等时，乘客认为服务质量是可以接受的；当服务感知小于服务期望时，乘客感知的服务质量就是非常差了。这个差异评价模型得到了很多学者的肯定，奠定了服务质量研究的基础。

在此模型基础上，后来者对它进行了多次改进。1990 年帕拉苏拉受、齐塞尔和贝利建立了服务质量差异分析模型，又称为 PZB 服务质量模型，如图 6-5 所示。

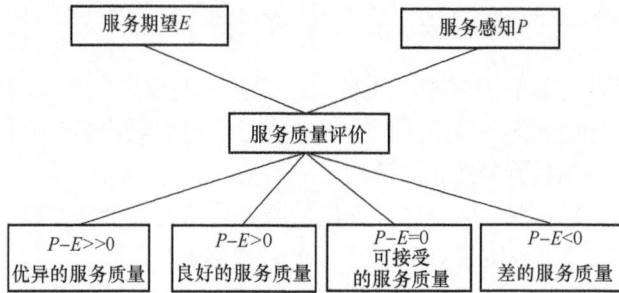

图 6-4　格罗鲁斯的服务质量差异评价模型

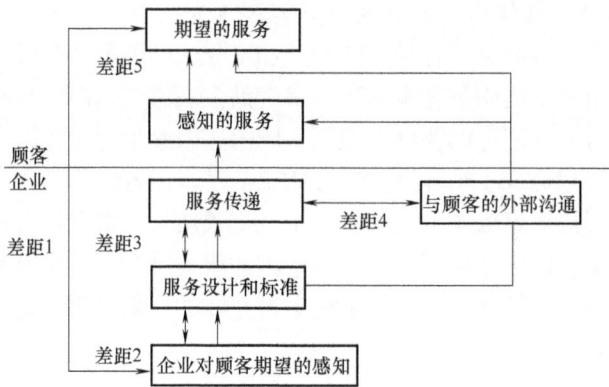

图 6-5　PZB 服务质量模型

服务质量差距分析模型主要解决了两个方面的问题：

1）模型描述了服务质量是如何形成的。结合城市轨道交通乘客服务，模型的上半部分包括了与乘客相关的内容，下半部分展示了与服务提供者（即城市轨道交通企业）有关的内容。

2）模型分析了服务质量评价时需要考虑的环节，并探明产生服务质量问题的根源。该模型中乘客的服务期望与服务感知间的差距为差距 5，被称为是最终的差距。它受到其他 4 个差距的影响，是其他 4 个差距积累的结果。

差距 1 是管理者认识的差距。它是指乘客对服务质量的期望与管理者对乘客期望的理解之间的差距。不能准确收集信息，不能精确理解乘客的期望、信息传递失真和缺乏需求分析等都可能导致这种差距的产生。

差距 2 是质量标准的差距。它是指管理人员确定的服务质量标准与其对乘客期望的理解之间的差距。服务质量设计和管理存在缺陷都可能产生这种差距。

差距 3 是服务交易的差距。它是指管理人员确定的服务质量标准与服务人员实际提供的服务之间的差距。主要体现为一线员工的行为与质量标准不符。服务质量标准制定不合理或服务操作工作管理不善都可能引发这种差距。

差距 4 是营销沟通的差距。它是指服务人员实际提供的服务与企业做出的服务承诺之间的差距。缺乏对企业内部能力的准确度量和夸大宣传都可能产生这种差距。

差距 5 是感知服务质量差距。它是指当乘客消费结束后，将期望质量与实践感受质量进行比较而产生的差距。这一差距最终决定乘客的全面感知质量。乘客体验到的服务质量低于其期望的服务质量、服务失败或服务提供者口碑较差都可以产生这种差距。

服务质量差距分析模型不仅有助于企业管理者发现引发服务质量问题的根源，而且有利于寻找适当的措施消除差距。

三、城市轨道交通服务质量评价方法

有效实用的评价方法是服务质量评价的关键和难点。尽管众多研究者花费了大量精力对服务质量测量方法进行了大量的研究和改进，并取得了很多成果，但在服务质量评价实践中，其方法和手段仍然比较落后。

按照评价标准来分，城市轨道交通服务质量的评价方法主要包括软性评价和硬性评价两类。软性评价是指轨道交通运营企业通过调查乘客、员工和其他人员（如管理人员）对服务质量的主观评价方法。硬性评价是指城市轨道交通运营企业通过各种客观指标（如硬性设施配置）来衡量服务过程和结果的质量评价方法。

软性评价中常用的方法有 SERVQUAL 方法和步行穿越调查法。

1. SERVQUAL 方法

SERVQUAL 方法是 Service Quality（服务质量）的缩写，是衡量乘客对服务质量感知的有效工具。SERVQUAL 方法使用的基础模型是格罗鲁斯提出的可感知服务质量模型和服务差异评价模型。评价方法完全建立在乘客感知的基础之上，也就是以乘客的主观认识来衡量服务质量。首先考量乘客对服务的期望，然后考量乘客对服务的感知，根据乘客对服务的感知和期望的差异进行比较，得出企业的服务质量，将其作为判断服务质量水平的依据。

SERVQUAL 方法将服务质量分为以下 5 个层面：

（1）有形性（Tangibles）　外观感受，包括实际设施、设备以及服务人员的外表等。

（2）可靠性（Reliability）　可靠地、准确地履行服务承诺的能力。

（3）响应性（Responsiveness）　响应性也称为回应性，指帮助乘客并迅速提高服务水平的愿望。

（4）保障性（Assurance）　保障性也称为确实性，是指员工所具有的知识、礼节以及表达出自信与可信的能力。

（5）移情性（Empathy）　移情性也称为关怀性，关心并为乘客提供个性化服务。

每一层被细分为若干个问题，通过调查问卷的方式，让乘客对每个方面的期望值、实际感受值以及最低可接受值进行评分，由其确定出相关的 22 个具体因素来说明，然后综合计算得出服务质量的分数。

① SERVQUAL 量表。SERVQUAL 量表包括两个部分，见表 6-1。第一部分包含 22 个小项目，记录顾客对特定行业中优秀公司的期望。第二部分包含 22 个项目，它度量消费者对这一行业中特定公司（被评价公司）的感知。顾客期望和感知问卷采用 7 分制，7 表示完全同意，1 表示完全不同意。然后把这两部分中得到的结果进行比较，就得到 5 个维度的每一个差距分值，SERVQUAL 从分数＝实际感受分数－期望分数进行分析并得出：差距越小，服务质量的评价越高；差距越大，服务质量的评价越低。

在不同行业中，5 个维度的重要性存在差异，但排序基本一致。在具体行业的应用中，必须对该量表进行修正并重新验证其有效性，这包括增加和删减某些项目或维度来全面与真实地反映所研究的行业领域，以便量表适合不同的行业环境、服务环境和文化背景。

表 6-1 SERVQUAL 量表

要　素	组　成　项　目
有形性	有现代化的服务设施 服务设施具有吸引力 员工有整洁的服装和外表 公司的设施与他们所提供的服务相匹配
可靠性	公司向顾客承诺的事情都能及时完成 顾客遇到困难时，能表现出关心并能提供帮助 公司是可靠的 公司能准时地提供所承诺的服务 正确记录相关的服务
响应性	能告诉顾客提供服务的准确时间 提供及时的服务 员工非常乐意帮助顾客 员工能满足顾客的需要
保障性	员工值得信赖 交易时顾客感到放心 员工有礼貌 员工可从公司得到适当支持，以提供更好的服务
移情性	公司会针对不同顾客提供个性服务 员工会给予顾客个性的关怀 员工了解顾客的需求 公司优先考虑顾客的利益 公司提供的服务时间能符合所有顾客的需求

例如，某城市轨道交通运营企业根据其服务产品的质量特性或标准，在安全性、可靠性、舒适性、经济性和便捷性等每一种质量属性下面都设计相关具体因素，其量表见表 6-2。

表 6-2 某城市轨道交通运营企业服务质量 SERVQUAL 量表

要　素	组　成　项　目	期望值（E）	感知值（P）
安全性	进、出站秩序状况 X_1		
	站台候车秩序状况 X_2		
	上、下车秩序状况 X_3		
	车厢秩序状况 X_4		
	安全服务设施标示及使用说明等 X_5		
	紧急疏散标识清楚醒目 X_6		
可靠性	进出站闸机可靠 X_7		
	导乘标识信息准确 X_8		
	报站准确及时 X_9		
	列车准点运行 X_{10}		
经济性	票价合理 X_{11}		
	票种多样 X_{12}		

（续）

要　素	组 成 项 目	期 望 值（E）	感 知 值（P）
便捷性	购票时间短 X_{13}		
	进、出站时间短 X_{14}		
	列车可达性强 X_{15}		
	列车发车间隔合理 X_{16}		
	列车运行速度快 X_{17}		
舒适性	列车运行平稳 X_{18}		
	车厢拥挤度低 X_{19}		
	车站及车厢环境整洁 X_{20}		
	工作人员响应乘客要求 X_{21}		
	设置便民设施 X_{22}		

问卷调查的内容包括城市轨道交通服务质量的 5 个属性（维度）及与之相关的 22 个因素，每个因素有期望值和感知值两个调查项。可在车站站台用随机抽样的方法，抽取一定数量的乘客，请他们对各项因素按自己的期望打分，得到各个 E_i；按各自感受打分，得到各个 P_i 值。问卷采用 7 分制，7 表示完全同意，1 表示完全不同意，中间分数表示不同的程度。

② SERVQUAL 计算过程。首先根据针对具体情况设计的量表，发放调查问卷，乘客打分并综合计算得出服务质量的分数，具体计算公式为

$$SQ_{单}=\sum_{i=1}^{n}(P_i-E_i) \tag{6-1}$$

式中　$SQ_{单}$——感知服务质量；

　　　　P_i——对乘客第 i 个因素的感知分数，$i=1,2,3,\cdots,22$；

　　　　E_i——对乘客第 i 个因素的期望分数。

由式 6-1 获得的 $SQ_{单}$ 是在 5 个属性同等重要条件下单个顾客的总感知质量，但在现实生活中乘客对决定服务质量的每个属性重要性的看法是不同的。因此在调查后，应确定每个服务质量属性的权重，通过加权平均可以得出更为合理的 SERVQUAL 分数，公式为

$$SQ_{单}=\sum_{j=1}^{5}\left[W_j\sum_{i=1}^{n}(P_i-E_i)\right] \tag{6-2}$$

式中　W_j——第 j 个属性的权重。

最后，将调查中所有乘客的 SERVQUAL 分数加总，再除以乘客数目 m，就得到某企业该项服务产品平均的 SERVQUAL 分数，即

$$SQ=\frac{1}{m}\sum_{i=1}^{m}SQ_i \tag{6-3}$$

式中　SQ——感知服务质量；

　　　　m——被调查乘客的人数。

2. 步行穿越调查法

步行穿越调查法是从顾客的角度出发，通过评价顾客在整个服务过程中的各个环节来测评服务质量的方法。步行穿越调查法的具体步骤如下：

1）绘制顾客消费的流程图。以城市轨道交通为例，步行穿越调查的整个过程包括：乘

客通过站外引导标识进入车站→安检→进入站厅→购票→检票→上站台→候车→上车→乘车→下车→到站台→通过出站闸机→从出站口离开。

2）按照流程图，列出顾客所能接触的各个要素，包括环境、设备、消费品、服务人员和其他顾客等内容，并设计形成调查问卷，见表6-3。

表6-3 某城市轨道交通运营企业针对某车站进行的步行穿越调查问卷

服务阶段	服 务 项 目	强烈反对	反对	无法判断	赞同	完全赞同
进站	容易看到站外引导标识 X_1					
	站外引导标识清楚准确 X_2					
	车站入口标识醒目 X_3					
	安检顺畅 X_4					
	进入站厅过程顺利通畅 X_5					
	问询服务周到规范 X_6					
	购票便捷 X_7					
	检票过程通畅，无延误 X_8					
候车	进入站台路径清晰 X_9					
	站台信息标识明确 X_{10}					
	候车时间较短 X_{11}					
	上车过程不拥挤 X_{12}					
乘车	车厢内整洁无异味 X_{13}					
	车厢温度适宜 X_{14}					
	车厢广播音量适中 X_{15}					
	报站清楚准确 X_{16}					
	车厢内路线图醒目 X_{17}					
	座位及扶手设置合理 X_{18}					
下车及出站	下车有序，先下后上 X_{19}					
	出站或换乘标识醒目 X_{20}					
	出站或换乘路程短 X_{21}					
	出站口信息清楚 X_{22}					
	验票出站方便，快捷 X_{23}					
评价	服务总体很优秀 X_{24}					
	服务还有较大改进空间 X_{25}					
	工作人员态度热情 X_{26}					

注：针对每一服务项目的说法，在强烈反对、反对、无法判断、赞同、完全赞同处画√。

3）发放问卷，由顾客填写消费过程中对每一项服务项目的评价。

4）对有效问卷进行统计分析，找出顾客满意与不满意之处，并分析其原因。

第一步，计算管理者、服务人员和乘客对各服务项目的评价值。

城市轨道交通运营企业管理者、服务人员和乘客分别填写问卷后，使用5点测量法来测量乘客的感知：1 代表完全赞同，5 代表强烈反对。

　　评价方法：问卷数据可以初步评价乘客（管理者、服务人员）对每一服务项目的感知程度。每一项得分取样本的均值即可认为是乘客（管理者、服务人员）对此项目的感知值，公式为

$$\overline{X_i^k} = \frac{\sum_{j=1}^{n^k} X_{ij}^k}{n^k} \tag{6-4}$$

式中　$\overline{X_i^k}$——第 k 类评价者对第 i 项服务项目的平均感知值，$i=1,2,3,\cdots,26$；$k=1,2,3$，其中，$k=1$ 代表乘客，$k=2$ 代表管理者，$k=3$ 代表服务人员；

　　　　X_{ij}^k——第 k 类评价中第 j 位对第 i 项服务项目的感知值，$j=1,2,\cdots,n^k$；n^k 为第 i 服务项目的 k 类评价者参评人数。

　　数值小表示对该服务项目的认可程度高，数值大表示对服务项目的否定程度大。当乘客（管理者、服务人员）感知值不小于 3.5，则认为是乘客（管理者、服务人员）对此项目持较大的否定态度；乘客（管理者、服务人员）平均感知值小于 2，表示对此项目持较认同的态度。

　　第二步，计算各服务项目评价差距。

　　城市轨道交通运营企业针对各项服务项目的评价差距，即管理者、服务人员、乘客对某项服务内容评价的差距，包括管理者与乘客之间、管理者与服务人员之间、服务人员与乘客之间的评价差距。差距越大，表示两者之间评价相关差异越大；反之，评价相关一致性越好。对调查数据分析取值的绝对值大于 $C_i^{k-k'}$（评价差值）的服务项目，可以认为是双方感知有较大差距的项目，按"客户至上"的原则，对这些服务项目需重点关注并改进，以进一步完善服务。

$$C_i^{k-k'} = \left| \overline{X_i^k} - \overline{X_i^{k'}} \right| \tag{6-5}$$

式中　$C_i^{k-k'}$——管理者、服务人员或乘客针对第 i 项服务内容评价差值；

　　　　$\overline{X_i^k} - \overline{X_i^{k'}}$——管理者、服务人员或乘客对第 i 项服务内容的平均感知评价；

　　　　k、k'——管理者、服务人员或乘客，$k \neq k'$。

　　当 $C_i^{k-k'} \leq C_i$ 时，两类评价者之间的差距较小，相关一致性较好；当 $C_i^{k-k'} > C_i$ 时，两类评价者之间评价相关差异较大，需要根据具体情况改进服务质量。

　　5）按照对顾客意见的调查分析结论，对企业的实际情况进行纠偏、改进。

　　步行穿越调查能够提供顾客所期望的服务信息，通过其提供的涉及语言的、环境的、感知的及服务提示的信息，企业能够更好地定义面向顾客的服务和提高顾客的忠诚度。

📋 课后习题

一、填空题

1. 时间效率包括运行时间、行车守时性、（　　　）（　　　）和（　　　）。

2.（　　　）即服务组织为乘客所提供服务的程度。

3.（　　　）为准点列车次数与全部开行列车次数之比，用以表示运营列车按规定时间准点运行的程度。

4.（　　　　　　　）指有效乘客投诉次数与客运量之比。

5.（　　　　　　　）指实际开行列车数与运行图图定开行数列车数之比。

二、选择题

1.（　　　）是主要针对城市轨道交通企业的管理及运营，侧重于企业所提供的服务水平，并对企业的等级进行划分。

　　A.政府评价　　　　B.社会评价　　　　C.企业评价　　　　D.乘客评价

2.（　　　）是根据实际的交通服务消费体验对城市轨道交通服务质量进行评价。其中，最具满意力的是乘客满意度评价，对服务质量的改进更具有针对性。

　　A.政府评价　　　　B.社会评价　　　　C.企业评价　　　　D.乘客评价

3.（　　　）主要是通过员工调查评价企业的内部服务质量，显示内部规章制度对服务质量的控制能力。

　　A.政府评价　　　　B.社会评价　　　　C.企业评价　　　　D.乘客评价

4.（　　　）是从顾客的角度出发，通过评价顾客在整个服务过程中经历的各个环节来测评服务质量的方法。

　　A.模型调查法　　　　　　　　B.步行穿越调查法

　　C.问卷法　　　　　　　　　　D.评价差距法

5.（　　　）主要侧重于企业所树立的社会形象和整体服务水平的辨识及评估，评价主体包括各类社会主体。

　　A.政府评价　　　　B.社会评价　　　　C.企业评价　　　　D.乘客评价

三、简答题

1.城市轨道交通客运服务质量常用评价模型有哪几种？请简单阐述。

2.城市轨道交通各种服务质量评价的方法特点是什么？

参 考 文 献

［1］付翠英. 城市轨道交通客运服务［M］. 北京：机械工业出版社，2017.

［2］高蓉. 城市轨道交通客运服务［M］. 2版. 北京：人民交通出版社，2012.

［3］任义娥. 城市轨道交通客运服务［M］. 北京：人民交通出版社，2017.

［4］贾俊芳. 城市轨道交通服务质量管理［M］. 北京：北京交通大学出版社，2012.

［5］吴畏. 城市轨道交通职业道德［M］. 北京：中国铁道出版社，2016.

［6］石瑛. 铁路客运服务礼仪［M］. 北京：人民交通出版社，2016.

"十四五"职业教育河南省规划教材

职业教育城市轨道交通专业"互联网+"创新教材

城市轨道交通客运服务
实训工单

主　编　张丹丹　　张恩平

副主编　刘志远　　张艳艳

参　编　潘海洋　　朱海云

机械工业出版社

目　录

学院		专业	
姓名		学号	
小组成员		组长姓名	
一、接受工作任务		成绩：	

1）按操作工位将班级学生分成若干个小组。建议学生按 6~8 人一组进行分组。
2）各小组分散在不同的操作工位，轮流开展实训操作。
3）小组分别派代表演示扶梯开关、紧急停止、日常巡检、安全防护。
4）学生可反复演练，逐步完善演练效果。

二、信息收集		成绩：	

1. 自动扶梯的启动

1）查看出入口、梯级和扶手等部位的_____情况，确认梯级及梳齿部位没有小石子或_____等妨碍运行的杂物。

2）将钥匙插入"蜂鸣器和停止开关"转至"_____"侧，使蜂鸣器鸣响数秒，向周围乘客发出将要运行的提示。

3）确认自动扶梯上没有乘客或异物后，将钥匙插入"_____"，转至"上行"或"下行"侧，并保持_____s 以上，启动自动扶梯（启动扶梯过程中，当出现异常情况时及时按压紧急停止按钮）。

4）确认扶手带_____正常转动，如有_____或振动，要立即按压紧急停止按钮，关停自动扶梯，同时通知维修人员。

2. 自动扶梯的关闭

1）扶梯停止之前，_____（是否）允许乘客进入自动扶梯的梯口。

2）将钥匙插入"蜂鸣器和停止开关"转至"_____"侧，使蜂鸣器鸣叫数秒，确认无人站在扶梯上后，将钥匙转至"_____"侧，使扶梯停止运行。

3）如遇紧急情况需停止扶梯，按压扶梯的_____开关，关停自动扶梯。

4）扶梯故障停止运行后，应及时采取措施，设置"_____"告示牌，防止乘客将其当作楼梯使用。

3. 自动扶梯的日常检查操作

为了保证自动扶梯正常运行，车站工作人员需要对自动扶梯进行_____和日常巡检，检查项目主要包括以下内容：

1）扶手带。检查是否有_____现象，是否附有口香糖或_____。

2）梯级。检查是否有_____，螺钉是否_____，梳齿及梯级面板是否有断裂或者_____。

3）扶梯运行是否_____，有无异声，扶手带和梯级是否_____。

4）紧急停止按钮。按下该按钮，扶梯是否_____（定期测试）。

4.自动扶梯的常见问题处理

自动扶梯无论发生何种故障，都需要专业维护人员到现场进行维护处理，车站站务员需要进行必要的_____，维持现场秩序。

1）当发现扶梯有异声、运行异常时，应及时_____。

2）若出现扶梯急停，要立即到现场查看是否有乘客_____，是否有_____。确认符合条件后才可重新启动扶梯。

3）当故障发生时，现场工作人员必须保证及时停梯并疏散扶梯上的乘客。

4）若扶梯无法启动，应报_____维修人员，报告故障扶梯编号和故障现象。

5）当扶梯停止使用后，要在扶梯_____位置设置相应的指示牌和安全围栏（上、下口都需要设置），并向乘客做好宣传解释工作。

6）扶梯不能使用将会导致楼梯或通道的压力增大，在客流高峰时间，要提前在通道、站厅和_____等位置对客流进行控制。

7）当客流压力很大时，可将扶梯作为_____步梯使用，但由于扶梯阶梯较高，需要提醒乘客注意安全。

三、制订计划		成绩：
制订计划	查阅资料获取信息	1）查阅地铁自动扶梯出现故障的原因及处理方法 2）收集相关事故案例，以小组的形式进行分享交流
	教师指导任务要点	1）教师利用多媒体教学手段，教授自动扶梯的基本知识 2）教师利用仿真软件或实训设施进行电梯控制演示。学生模拟实训操作，以便掌握操作方法 3）教师设定突发情景，学生根据预设情景（电梯无法启动、电梯发出异常声音、大客流乘坐电梯等），模拟处置突发状况
	知识与技能要求	1）掌握自动扶梯的品牌与结构 2）掌握自动扶梯日常的养护知识 3）掌握自动扶梯常见的故障 4）培养严谨的工作态度和应变能力
	任务实施方案制订	
计划审核	审核意见：	年　　月　　日　　签字：

四、计划实施	成绩：

<table>
<tr><td rowspan="5">计划实施</td><td colspan="2">时间：</td><td>地点：</td></tr>
<tr><td colspan="3">实施要点：
1）自动扶梯的启动
2）自动扶梯的关闭
3）自动扶梯的日常检查操作
4）自动扶梯的常见问题处理</td></tr>
<tr><td colspan="3">实施过程记录另附</td></tr>
</table>

五、质量检查	成绩：

通过个人页的完成质量，结合小组代表成果展示，完成本次工作任务的检查与评价。

自评分数：

评价人	组员一	组员二	组员三	组员四	组员五	组员六	组员七	组员八	总评
得分									

组内互评：

小组互评：

组名	第一组	第二组	第三组	第四组	第五组	第六组	第七组	第八组	总评
得分									

六、评价反馈	成绩：

根据自己在课堂中的实际表现进行自我反思和自我评价。

自我反思：_____

_____

_____

_____。

自我评价：_____

_____

_____

_____。

	实训成绩单		
评价项目	评 分 标 准	分值	得分
知识目标	了解地铁内的各乘降设备	10	
	熟悉自动扶梯的操作程序	20	
	掌握自动扶梯常见问题的处理方法	10	
技能目标	能开关、紧急停止自动扶梯	15	
	能进行自动扶梯日常巡检	15	
	能做好自动扶梯关停、维修时的安全防护工作	10	
情感目标	具有良好的服务意识	5	
	工作态度端正	5	
	积极参加课堂活动	5	
	能与他人合作积极完成任务	5	
总　　分		100	
评语			

实训工单二　屏蔽门、车门故障处理

学院		专业	
姓名		学号	
小组成员		组长姓名	
一、接受工作任务		成绩：	

1）学生按 6~8 人一组进行分组，分演车站不同岗位工种，按照演练步骤，根据所学内容制订本组的演练方案，桌面演练应急处理情况。

2）学生反复演练，逐步完善演练效果。

3）各组设置观察员 1 名，用摄像机、手机等视录设备将演练过程拍摄下来，使用观察清单记录和分析该小组演练问题及演练程序中关键点的时间把控程度。演练视频也是教师评价依据之一。

4）演练后对演练效果进行评价，并汇报说明演练中存在的问题，提出改进措施。

二、信息收集	成绩：

1.屏蔽门不能打开的处理

1）手动操作可打开整侧屏蔽门：

2）手动操作可打开部分屏蔽门：

3）手动操作不能打开整侧屏蔽门：

2. 屏蔽门不能关闭的处理

1）手动操作可关闭整侧屏蔽门：

2）手动操作可关闭部分屏蔽门：

3）手动操作不能关闭整侧屏蔽门：

3. 屏蔽门破碎如何处理？

4. 列车门无法关闭或打开如何处理？

三、制订计划		成绩：

<table>
<tr><td rowspan="5">制订计划</td><td>查阅资料获取信息</td><td>1）查阅地铁公司相关故障处理的应急预案
2）收集相关事故案例</td></tr>
<tr><td>教师指导任务要点</td><td>1）教师利用多媒体教学手段，教授屏蔽门的基本知识
2）教师利用仿真软件或实训设施进行屏蔽门站台级、就地级控制步骤演示。学生模拟实训操作，以便掌握操作方法
3）教师设定突发情景，学生根据预设情景（屏蔽门无法开启、无法关闭、与信号联锁夹人夹物等），模拟处置突发状况</td></tr>
<tr><td>知识技能要求</td><td>1）掌握屏蔽门的门体结构
2）掌握屏蔽门站台级控制和就地级控制
3）掌握车门不能打开或关闭的处理方法
4）培养严谨的工作态度和应变能力</td></tr>
<tr><td>任务实施方案制订</td><td></td></tr>
</table>

计划审核	审核意见： 　　　　　　　　　　年　　月　　日　　签字：

四、计划实施		成绩：

计划实施	时间：　　　　　　　　　　　地点：
	实施要点： 1）屏蔽门不能打开时的处理 2）屏蔽门不能关闭时的处理 3）屏蔽门破碎时的处理 4）列车门无法关闭或打开时的处理
	实施过程记录另附

五、质量检查		成绩：

通过个人页的完成质量，结合小组代表成果展示，完成本次工作任务的检查与评价。

自评分数：

评价人	组员一	组员二	组员三	组员四	组员五	组员六	组员七	组员八	总评
得分									

组内互评：

小组互评：

组名	第一组	第二组	第三组	第四组	第五组	第六组	第七组	第八组	总评
得分									

六、评价反馈	成绩：

根据自己在课堂中的实际表现进行自我反思和自我评价。

自我反思：＿＿＿＿＿＿＿＿＿＿＿＿＿＿＿＿＿＿＿＿

＿＿＿＿＿＿＿＿＿＿＿＿＿＿＿＿＿＿＿＿＿＿＿＿。

自我评价：＿＿＿＿＿＿＿＿＿＿＿＿＿＿＿＿＿＿＿＿

＿＿＿＿＿＿＿＿＿＿＿＿＿＿＿＿＿＿＿＿＿＿＿＿。

实训成绩单

评价项目	评 分 标 准	分值	得分
知识目标	了解屏蔽门的分类和功能	5	
	掌握屏蔽门的门体结构	10	
	掌握屏蔽门突发情况下的处置方法	15	
技能目标	能进行站台级控制	20	
	能进行就地级控制	20	
	能具备应急处理屏蔽门故障的能力	10	
情感目标	具有良好的服务意识	5	
	工作态度端正	5	
	积极参加课堂活动	5	
	能与他人合作积极完成任务	5	
总　分		100	
评语			

实训工单三　灭火器及消火栓的使用

学院		专业	
姓名		学号	
小组成员		组长姓名	

一、接受工作任务	成绩：

1）学生按 6~8 人一组进行分组，将教学班级分为若干组，开展消防演习。

2）学生反复演练，逐步完善演练效果。

3）教师设定演练背景，引导学生扮演乘客及工作人员进行疏散演练。

4）安排小组代表演示使用手提式灭火器以及连接消火栓水带、水枪，其他学生观摩。

5）各组设置观察员 1 名，用摄像机、手机等视录设备将演练过程拍摄下来，使用观察清单记录和分析该小组演练问题及演练程序中关键点的时间把控程度。演练视频也是教师评价依据之一。

6）演练后对演练效果进行评价，并汇报说明演练中存在的问题，提出改进措施。

二、信息收集	成绩：

1. 干粉灭火器及二氧化碳灭火器的操作要点

1）_____提着灭火器到现场。

2）在距离着火点_____m 时，_____颠倒几次。

3）除掉_____。

4）拔掉_____。

5）站在着火点_____处，_____握着喷管，_____用力压下压把，左手拿着喷管对准火源根部_____摆动，喷射干粉覆盖整个燃烧区。

2. 消火栓的操作要点

1）第一步：遇有火警时，按下门上的_____，拉开_____后，压碎消火栓右上角按钮玻璃。

2）第二步：拉出_____，将水带靠近消火栓端与消火栓_____，连接时将连接扣准确插入槽，按_____方向拧紧。

3）第三步：一边赶往现场，一边将水带另一端与_____连接。

4）第四步：把消火栓手轮按_____方向旋开，即能进行喷水灭火。

3. 站台发生火灾时的处置要点

1）站台工作人员要确认火灾_____、_____及性质，第一时间进行灭火。

2）如果火灾一时扑救不了，关停站台电扶梯，立即向站厅疏散乘客，并拦截进站乘客。

① 如果乘客在起火部位的周围，＿＿＿＿＿＿＿＿＿＿＿＿＿组织乘客逃生。

② 如果乘客所处的位置在起火点的相反方向，不要向起火点方向靠近，引导乘客＿＿＿＿
＿＿＿＿＿＿＿＿＿＿撤离。

3）当有客车在该站通过时，要做好站台乘客的＿＿＿＿＿＿。

4.站厅发生火灾时的处置要点

1）站厅工作人员确认火灾＿＿＿＿＿＿、＿＿＿＿＿＿及性质，第一时间进行灭火。

2）确认火灾不可扑救后，关停电扶梯，指引乘客疏散出站；指引乘客出站时，＿＿＿＿＿
＿＿＿＿＿＿＿＿＿＿＿＿＿。

3）当站台停有列车时，立即通知列车司机火灾信息，可将站台的乘客疏散到列车上，
通知＿＿＿＿＿＿＿＿，阻止＿＿＿＿＿＿＿＿，劝说＿＿＿＿＿＿＿＿。

三、制订计划			成绩：
制订计划	查阅资料获取信息	1）查阅地下车站的分布特点 2）收集相关地下车站火灾的事故案例	
	教师指导任务要点	1）教师利用多媒体教学手段，教授消防设施、设备的基本知识 2）教师利用实训设施、设备进行火火器及消火栓使用的演示。学生模拟实训操作，以便掌握操作方法 3）教师设定突发情景，学生根据预设情景分别扮演乘客及工作人员进行疏散演练，模拟处置突发状况	
	知识与技能要求	1）掌握手提式灭火器的操作方法 2）掌握消火栓的操作方法 3）掌握站台发生火灾时的处置要点 4）掌握站厅发生火灾时的处置要点	
	任务实施方案制订		
计划审核	审核意见：		
		年　　月　　日　　签字：	

四、计划实施		成绩：
计划实施	时间：	地点：
	实施要点： 1）干粉灭火器及二氧化碳灭火器的操作 2）消火栓的操作 3）站台发生火灾时的处置 4）站厅发生火灾时的处置	
	实施过程记录另附	

五、质量检查						成绩：		

通过个人页的完成质量，结合小组代表成果展示，完成本次工作任务的检查与评价。

自评分数：

评价人	组员一	组员二	组员三	组员四	组员五	组员六	组员七	组员八	总评
得分									

组内互评：

小组互评：

组名	第一组	第二组	第三组	第四组	第五组	第六组	第七组	第八组	总评
得分									

六、评价反馈	成绩：

根据自己在课堂中的实际表现进行自我反思和自我评价。

自我反思：＿＿＿＿＿＿＿＿＿＿＿＿＿＿＿＿＿＿＿＿＿＿＿＿＿

自我评价：＿＿＿＿＿＿＿＿＿＿＿＿＿＿＿＿＿＿＿＿＿＿＿＿＿

实训成绩单

评价项目	评分标准	分值	得分
知识目标	了解地下车站火灾特点及车站消防要求	10	
	熟悉车站消防设施、设备	20	
	掌握地下车站火灾处置要点	10	
技能目标	能正确使用消火栓	15	
	能正确使用手提式灭火器	15	
	能手动操作气体自动灭火系统	10	
情感目标	具有良好的服务意识	5	
	工作态度端正	5	
	积极参加课堂活动	5	
	能与他人合作积极完成任务	5	
总　分		100	
评语			

学院		专业	
姓名		学号	
小组成员		组长姓名	
一、接受工作任务		成绩:	

1) 将班级学生分成若干个小组，每组 6～8 人，男女均等。

2) 各小组女生依据客运服务人员的化妆修饰要求给自己设计完成淡妆，男生依据客运服务人员的面部、发部修饰要求修饰自我。

3) 各小组成员根据自身特点穿着合适的正装，佩戴合适的饰品，男生要求打领带。

4) 学生互评，老师点评。

二、信息收集	成绩:

1. 女性客运服务人员的淡妆实训

1) 化妆的基本原则有 3 项：_____、_____、_____。

2) 化妆的注意事项：应使用与_____、_____相协调的颜色。

3) 化妆的禁忌：化妆的浓淡根据_____和_____来选择，_____（是／否）可以当众化妆，_____（是／否）可以在工作岗位上化妆，妆面不可以出现残缺或离奇出众。

4) 化妆的基本流程：清洁皮肤→_____→_____→画眉毛→_____→上腮红→_____。

5) 淡妆实训考核要求：

考核项目	考 核 要 求
基础底妆	粉底要选用_____，用粉扑或者手指涂抹均匀，完成打底，注意_____与_____的衔接，底妆要达到_____效果
眼部化妆	眼线涂抹均匀，要贴着_____描画，将眼皮抬起从_____涂至_____，由____至____
	睫毛涂抹以____色为宜，防止_____
	用眉笔____（顺／逆）着眉毛的上扬方向进行描画，再用_____定型，最好用_____色的眉笔，眉形
腮红	腮红应涂在_____位置，色彩合适，晕染均匀 皮肤白的人一般选____色，肤色较深的人一般选用____色
口红	口红色与_____应一致，适合日常，涂抹均匀明亮

2.男性客运服务人员的领带实训

1）TPO 原则：T 是_____原则，服装的穿着要做到随_____而更替；P 是_____原则，特定的地点环境需要配以相适应、相协调的服饰；O 是_____原则，在选择服装时，必须与特定的_____相吻合。

2）男士常用领带的打法有 4 种：平结、_____、_____、_____。

3）领带要紧贴领口正中，长度以在_____之间为宜；领带颜色应与衬衣和西装搭配协调。

4）打领带考核标准：

考 核 项 目	考 核 要 求
选择领带打法	领带要适合_____和_____
打领带过程	领带打法正确，并在 10min 内完成
	打好后的领带应美观，_____，_____

3.男、女正装的穿着标准

1）制服的穿着要求：外观整洁、文明着装、_____。

2）男性正装穿着标准：

整洁挺括，熨烫平整，整体色彩控制在_____色以内，鞋、腰带以_____色为佳。

衬衫必须为纯色，以_____色为主，白色最常用；衬衫下摆须_____，袖口必须扣上。

衬衫领口、袖口无污迹，衣领要_____（高 / 低）于西装衣领，衣袖要长于西装袖口_____cm 左右。

口袋中尽量不放物品，名片、笔等轻薄物品可放在西服_____侧内侧口袋。

西裤与上装相协调，长度以_____为宜；穿_____等颜色的裤子，袜筒要足够高；穿_____色皮鞋，鞋面保持_____。

3）女性正装穿着标准：

一般以西装、套裙为宜，职业套裙的颜色应_____，与_____相协调，如暗红色、_____色等。

衬衣平整挺括，与套装相配，以_____色最佳，如白色、米白色、淡蓝色，以_____的面料最好；衬衫下摆须束在裙内或裤内。

裙子以_____为主，裙子下摆可在膝盖以上_____cm，但不可太短；鞋子为高跟鞋或中跟鞋，_____为主；穿裙装时，必须穿_____，不穿着挑丝、有洞或补过的袜子，颜色以_____色为宜，不得穿露趾鞋和休闲鞋，保持鞋面光亮、清洁。

三、制订计划		成绩：

制订计划	查阅资料获取信息	1）查阅仪容、仪表修饰的基本要求及禁忌 2）收集相关学习视频和训练方式，以小组的形式进行分享交流
	教师指导任务要点	1）教师利用多媒体教学手段，教授化妆、打领带、正装搭配等仪容仪表的基本知识 2）网络视频和现场演示，学生查漏补缺现场讨论并模拟，以便掌握操作方法 3）教师设定场合、环境、时间人物工作等情景，考核学生对妆容、着装等的调整 4）根据图片和视频查找错误，在仪表教程设置"错误点"，让学生在限定时间内找错误
	知识与技能要求	1）掌握化妆的基本步骤和基本技巧 2）掌握服饰的着装要求 3）会打领带、会规范着装 4）塑造良好的职业形象和美的意识
	任务实施方案制订	1. 淡妆整体考核标准 考核项目 / 考核标准 淡妆整体效果 / 发型整理标准　妆面整体效果干净美观妆容和谐得体　化妆时间不多于15min 2. 男女着装考核标准 考核项目 / 考核标准 正装修饰 / 衣服整洁，无异味　大小合体　色彩搭配协调　配饰得当　整体美感

考核标准表格：

1. 淡妆整体考核标准

考 核 项 目	考 核 标 准
淡妆整体效果	发型整理标准 妆面整体效果干净美观妆容和谐得体 化妆时间不多于 15min

2. 男女着装考核标准

考 核 项 目	考 核 标 准
正装修饰	衣服整洁，无异味
	大小合体
	色彩搭配协调
	配饰得当
	整体美感

计划审核	审核意见： 　　　　　　　　　　　　　年　　月　　日　　签字：

四、计划实施		成绩：

计划实施	时间：	地点：
	实施要点： 1）按照化妆基本操作步骤实施，15min 内独立完成 2）根据场合、时间、环境，选择正式、适合的衣服 3）按照领带打法基本操作步骤实施，10min 内独立完成，不参照图解过程	
	实施过程记录另附	

五、质量检查					成绩：			

通过个人页的完成质量，结合小组代表成果展示，完成本次工作任务的检查与评价。

自评分数：

评价人	组员一	组员二	组员三	组员四	组员五	组员六	组员七	组员八	总评
得分									

组内互评：

小组互评：

组名	第一组	第二组	第三组	第四组	第五组	第六组	第七组	第八组	总评
得分									

六、评价反馈	成绩：

根据自己在课堂中的实际表现进行自我反思和自我评价。

自我反思：_____

_____。

自我评价：_____

_____。

实训成绩单

评价项目	评 分 标 准	分值	得分
知识目标	了解仪容仪表的基本常识	10	
	掌握面部、发部、手部、化妆修饰的重点	15	
	掌握服饰的着装要求	15	
技能目标	能按照标准完成工作淡妆、整理发型	20	
	能正确着装和佩戴首饰	20	
情感目标	具有良好的职业形象	5	
	态度端正	5	
	积极参加课堂活动	5	
	能与他人合作积极完成任务	5	
总　　分		100	
评语			

学院		专业	
姓名		学号	
小组成员		组长姓名	

一、接受工作任务	成绩：

1）学生按 6～8 人一组进行分组，按照要求分别进行仪态训练。

2）着正装，完成一组客运服务人员站姿、坐姿、蹲姿、表情和手势的规范性动作。

3）各组设置观察员 1 名，用摄像机、手机等视录设备将训练过程拍摄下来。练习视频也是教师评价依据之一。

4）对表演效果进行评价，并纠正错误的姿态。

二、信息收集	成绩：

1. 表情与微笑

1）表情：客运服务人员在与乘客交谈时，目光要正视乘客的_____，视线要与乘客保持_____，表现出诚恳与尊重、礼貌，对乘客的凝视时间不应超过_____s，切不可长时间盯着对方或反复上下打量，也不可以对人挤眉弄眼，或用_____看人。最佳的目光凝视区域：以_____为上限，以_____所形成的倒三角区域。

2）微笑：嘴角微翘（以上翘_____为好），嘴唇微启，伴随微笑自然地露出_____颗牙齿，微笑时真诚、自然亲切、善意、充满爱心；口眼结合，嘴唇眼神含笑（如下图所示）。切忌不要_____，避免出现_____。

3）微笑训练：可通过咬筷子的方法来进行微笑练习。

2. 站姿标准

1）男性站姿：站立时，两脚自然分开约_____（最多与肩同宽），身体重心放在两脚中间，头要正，颈要直，抬头时应_____，两臂_____，双手中指分别放于_____或右手搭在左手上（如下图所示）。

2）女性站姿：双脚脚跟靠拢在一起，脚尖分开呈_____字形，双目平视_____，面带微笑，颈部挺直，挺胸收腹，腰直肩平，双肩舒展双臂放松，双手_____或交叉于_____（_____手搭在_____手上，拇指放于手心处）。

3）站姿训练。

① 靠墙站立：两人一组，一人训练，另一人监督，监督者协助训练者将脚跟、小腿、臀部、双肩、头部都紧紧贴在墙面上。

② 顶书训练：在站立过程中，头顶放一本书，颈部挺直，下巴向内收，上身挺直，保持书的平衡和身体的平衡。

③ 夹纸训练：训练过程中在双腿间膝盖处夹一张纸，以此检验腿是否弯曲。

3. 坐姿标准

1）坐姿要求：入座要_____，从_____侧入座，用右脚测试椅子的位置；入座椅子的_____左右，脊背轻靠椅背，女士着裙装入座时，要用双手把_____后再坐下；入座后，腰部挺直，上身正直，双肩放松，双臂自然放在_____；头正嘴角微闭，下颌微收，双目_____；离座要自然稳当，右脚_____，然后起立，站定后才可离开，动作轻缓，无声无息。

2）坐姿训练。

① 两人一组，面对面练习或一人训练，另一人监督，指出对方的不足。

② 坐在镜子前练习，按照坐姿的要求加以改正。

4. 行姿标准

1）标准的走姿：挺胸收腹、腰背_____，两眼平视前方，两臂_____，不要外八字或内八字，身体各部位保持动作和谐使自己的_____一致。客运服务人员要走成_____线，_____适当，速度均匀（一般为_____步/min）。男性客运服务员要显得坚定、豪迈，女性客运服务员要显得轻盈、优雅如右图所示。

2）行姿训练：在地上画一条线，在直线上来回走，行走时使双脚的内侧踩在直线上，训练时注意挺胸立腰，双目平视前方，迈步时要脚跟先着地，脚掌紧接着落地，膝部不弯曲。

5. 蹲姿标准

1）蹲姿的要求：站在所取物品的旁边，一脚前一脚后，_____，不要低头且双脚支撑身体，女士要双腿_____，男士两腿可适度分开，蹲下时要保持_____，体态自然。

2）蹲姿训练：练习用标准蹲姿在地上拾物品，如书、钥匙等。

6. 手势礼仪

1）规范的指引手势：在引路、指示方向时，五指_____，小臂带动大臂，小臂与地面保持_____。根据指示距离的远近调整手臂的_____，身体随着手的方向自然转动。千万不可单指指向对方。

2）规范的握手礼仪：握手时面带_____，_____边胳膊自然向前伸出，手掌向_____，_____指并拢，掌心和地面保持_____，自然放松，上身稍微_____，头部略低下，平视对方，五指轻轻地握住对方手掌，微微抖动_____次，然后松开。握手时间控制在_____s；握手遵循"_____"的原则。

3）规范的递物、接物：递交物件时，应_____奉上以表示对对方的尊重，保持站姿，面带微笑，双手将物件交至对方手中，可配以_____。接收他人物件时，也应采用_____的姿势。

三、制订计划		成绩：	

制订计划	查阅资料获取信息	1）查阅地铁客运服务人员相关的工作仪态 2）收集相关的学习视频
	教师指导任务要点	1）教师利用多媒体教学手段，教授仪态的基本知识 2）网络视频和现场演示，学生查漏补缺现场讨论并模拟，以便掌握操作方法 3）教师设定工作情景，考核学生在各种突发情况下的仪态情况 4）根据视频让学生在限定时间内进行表情和微笑等的训练
	知识与技能要求	1）掌握仪态的基本常识 2）掌握体姿的规范要求 3）掌握表情、手势等无声语言的规范要求 4）塑造学生的职业素养和礼仪规范
	任务实施方案制订	
计划审核	审核意见：	
		年　　月　　日　　签字：

| 四、计划实施 | | 成绩: | |

计划实施	时间:		地点:	

实施要点:

1）6～8人一组，分组表演站姿、坐姿、蹲姿、表情和手势的规范性动作，完成自评和互评（不表演组为表演组评分）

2）每组展示时间为10～15min，可配以适当的音乐或加入情景设计

3）组员训练时，每个项目的训练时间不少于5min。录制训练视频，要求每个人都必须参与训练

实施过程记录另附

| 五、质量检查 | 成绩: |

通过个人页的完成质量，结合小组代表成果展示，完成本次工作任务的检查与评价。

自评分数:

评价人	组员一	组员二	组员三	组员四	组员五	组员六	组员七	组员八	总评
得分									

组内互评:

小组互评:

组名	第一组	第二组	第三组	第四组	第五组	第六组	第七组	第八组	总评
得分									

| 六、评价反馈 | 成绩: |

根据自己在课堂中的实际表现进行自我反思和自我评价。

自我反思: _____

_____。

自我评价: _____

_____。

实训成绩单

评价项目	评分标准	分值	得分
知识目标	了解仪态的基本常识	5	
	掌握体姿的内容和要求	15	
	掌握表情礼仪的运用和要求	10	
技能目标	能完成站、坐、行、蹲、指引的规范动作	20	
	能灵活展现各种仪态规范	20	
	能保持微笑服务	10	
情感目标	具有良好的职业形象	5	
	工作态度端正	5	
	积极参加课堂活动	5	
	能与他人合作积极完成任务	5	
总 分		100	
评语			

实训工单六　客运服务沟通礼仪的训练

学院		专业	
姓名		学号	
小组成员		组长姓名	

一、接受工作任务	成绩：

1）学生按 6~8 人一组进行分组，按照要求分别进行表演。

2）自行设计对白及场景，内容包括文明用语、问询、引导和接听电话等内容。

3）以小组为单位，将 4 个场景串联起来模拟，分为乘客和工作人员两种角色，每个人轮换角色表演。

4）各组学生进行角色自评，同时观看组对表演组学生的演练效果并进行评价。

二、信息收集	成绩：

1. 服务用语礼仪

1）服务语言应使用_____，口齿应清晰，语调柔和，语气亲切，音量适中，内容简洁明了。同时，应掌握与服务岗位相关的简单英语会话，提倡使用_____服务。用词、用语礼貌文雅，坚持使用敬语、_____等表示尊敬、温暖、谦和的语言。

2）客运服务人员在与乘客交流中，表情要_____，态度_____，面带_____，用心倾听，全心全意为乘客服务。在服务过程中，规范服务用语，以亲切柔和的口吻，以_____、_____、_____、_____的态度对待每一名乘客。

2. 电话礼仪

1）客运服务人员必须掌握正确、礼貌的接打电话方法，基本步骤为：_____→_____→_____。

2）请写出 3~5 条电话常用礼貌用语：_____、_____、_____、_____、_____。

3. 问询、应答礼仪

1）当乘客问询时，客运服务人员应面带微笑正视乘客，并彬彬有礼地进行回答，不知道的事或拿不准的事不要_____，应把乘客带到_____去咨询，直到乘客满意为止。问询服务中，客运服务人员应熟练掌握本岗位的业务基础知识，多总结、积累、了解，尽量做到_____。

2）应答乘客询问时，要_____回答，站姿标准，目视乘客，注意力集中聆听问题；遇到讲话含糊不清、语速非常快的乘客，要_____，不能凭主观臆断，给出含糊或者错误的解答；遇到很多乘客询问时，应沉着冷静，严格按照_____，分清轻重缓急，逐一作答；对于乘客提出的无理要求等，需要_____；对于乘客的当面批评与指责，如果属于工作人员的疏忽所致，应先_____并且进行_____。

4. 引导礼仪

客运服务人员用正确的引导方法和引导手势，指引并带领乘客到达目的地。引导方法如下：

① _____引导法：客运服务人员在乘客两三步之前，走在客人的_____侧。

② _____引导法：引导乘客上楼时，应让乘客走在_____（前／后）面；若是下楼，则是客运服务人员走在_____（前／后）面，乘客在_____（前／后）面。

③ 电梯引导法：引导乘客进电梯时，_____先进入电梯，注意手势，等_____进入后关闭电梯门，到达楼层时按"开"按钮，让乘客_____（先／后）走出电梯。

三、制订计划			成绩：
制订计划	查阅资料获取信息	1）查阅地铁客运服务中标准用语和言谈举止 2）收集相关地铁客运服务工作的事故案例	
	教师指导任务要点	1）教师利用多媒体教学手段，教授电话、问询、引导等沟通礼仪的基本知识 2）网络视频演示，学生查漏补缺现场讨论并模拟，以便掌握操作方法 3）教师设定工作情景，考核学生在各种突发情况下的服务意识和应变能力 4）设定情景，对学生的服务用语、动作等礼仪规范进行指导	
	知识与技能要求	1）掌握服务用语规范 2）掌握电话、问询、引导礼仪规范 3）能熟练运用服务沟通礼仪，提高服务质量 4）培养学生良好的服务意识、主动意识和应变能力	
	任务实施方案制订	1）分组展示客运服务人员在工作中的服务礼仪，出场后先由同学介绍剧情和人物 ① 文明用语：设计情景（客运服务工作中），运用文明用语和标准语言进行分组表演 ② 问询应答礼仪：当乘客问询时，应如何回答？设计一个场景，分不同问题进行角色扮演 ③ 引导礼仪：如何引导乘客乘坐电梯或列车？请设计一个场景进行模拟 ④ 接听电话礼仪：如果接到乘客的电话投诉，如何进行接听和回答？请设计问题进行演练 2）组织分角色扮演（可扮演售票窗口工作人员、值班站长、列车巡查员、乘客等），每人都要轮换角色进行扮演 在场景模拟中，要使用礼貌用语，并结合正确的仪态、微笑、眼神和手势来表达语言，增强语言的表现力	
计划审核	审核意见：		
		年　　月　　日　　签字：	

四、计划实施　　　　　成绩：

计划实施	时间：　　　　　　　　　　　　　　地点：
	实施要点： 1）角色扮演，相互配合，循环模拟，尽量使每个学生都能扮演不同角色，完成自评与互评 2）学生可根据场景确定分组人数及场地，工作人员按照实际岗位分工安排 3）自评要客观真实，不回避问题，互评要认真公正
	实施过程记录另附

五、质量检查　　　　　成绩：

通过个人页的完成质量，结合小组代表成果展示，完成本次工作任务的检查与评价。

自评分数：

评价人	组员一	组员二	组员三	组员四	组员五	组员六	组员七	组员八	总评
得分									

组内互评：

小组互评：

组名	第一组	第二组	第三组	第四组	第五组	第六组	第七组	第八组	总评
得分									

六、评价反馈　　　　　成绩：

根据自己在课堂中的实际表现进行自我反思和自我评价。

自我反思：_____

_____。

自我评价：_____

_____。

实训成绩单

评价项目	评分标准	分值	得分
知识目标	掌握服务用语礼仪规范	15	
	掌握电话、问询应答、引导礼仪规范	15	
技能目标	能灵活运用服务用语	20	
	能熟练运用电话、问询应答、引导礼仪	20	
情感目标	具有良好的服务态度、主动意识	10	
	态度端正、应变灵活	10	
	积极参加课堂活动	5	
	能与他人合作，积极完成任务	5	
总　　分		100	
评语			

实训工单七 礼仪知识问答竞赛

学院		专业	
姓名		学号	
小组成员		组长姓名	

一、接受工作任务	成绩：

1）将教学班级按人数分为若干组，每组 7~8 人，若人员有余，教师协调。

2）竞赛题为抢答题、必答题和风险题，分为 3 个阶段进行，每阶段时间为 15~20min，抢答时举手加报告，并站起来回答，10s 内必须作答。

3）每一阶段结束后公布每组得分情况，3 个阶段都结束后，公布每组总分情况及排名。

4）学生进行互评，评出优秀组和每组的优秀人员。

二、信息收集	成绩：

1）标准的服务用语：

2）仪表修饰原则：

3）仪容修饰原则：

4）仪态修饰原则：

5）在工作中如何坚持职业道德规范？如何加强职业道德修养？

三、制订计划	成绩：	

	查阅资料 获取信息	1）查阅地铁公司相关客运服务的优秀事件 2）收集相关职业道德修养的人物事迹
制订计划	教师指导 任务要点	1）教师利用多媒体教学手段，教授职业道德、职业修养的基本知识 2）查阅高铁、地铁各种相关服务中的基本礼仪规范和职业修养相关案例 3）教师设定工作情景，考核学生在各种突发情况下的服务意识和应变能力 4）设定情景，对学生的服务用语、职业道德认知等进行指导
	知识与 技能要求	1）熟悉城市轨道交通职业道德 2）掌握城市轨道交通中基本的服务礼仪规范 3）掌握职业道德修养提升的方法 4）培养良好的服务意识、服务态度和职业素养
	任务实施 方案制订	1.竞赛形式 　①抢答题：每题1分，答题时间为10s，答对加1分，超过答题时间、答错题、不能回答的不得分。各组在主持人宣布开始后抢答，任意组员均可抢答，抢答时举手加报告，并站起来回答，10s内必须作答 　②必答题：每组每人1题，各组队员按照座位顺序依次作答，每题1分，答题时间为10s，答对加1分，超过答题时间、答错题、不能回答的不得分，答题过程中其他组员不得提示或暗示，否则视为违规，违规不得分，此题作废 　③风险题：按照抽题号决定所答题目，设5分、10分、15分3个分数段，时间为60s，各组自愿选择不同分值的题目，可由任意组员进行回答，其他组员可在规定时间内进行补充，答对加相应的分数。在规定时间内答错题或不能回答的，不得分 　2.点评和总结 　根据3个阶段的总得分情况，评出优秀组，同时各组进行总结和互评，评出本组优秀组员
计划审核	审核意见： 　　　　　　　　　　　　　年　　月　　日　　签字：	

四、计划实施	成绩：	

	时间：	地点：
计划实施	实施要点： 　1）每组分别选出1名成员作为计分人员，本组成员不能为本组计分；从班级中选择一名学生作为计时人员，一名学生作为总核分员，核对漏记或者多记情况。计时人员和计分人员要公平、公正 　2）班长和副班长作为监督员，并维护纪律。如果必答题队员进行了提示，抢答题队员犯规等，可提出扣分意见，进行扣分 　3）各组不得携带任何资料、手机等进行作答，各组队员要做到守纪律、听指挥，不可喧哗	
	实施过程记录另附	

五、质量检查					成绩：			

通过个人页的完成质量，结合小组代表成果展示，完成本次工作任务的检查与评价。

自评分数：

评价人	组员一	组员二	组员三	组员四	组员五	组员六	组员七	组员八	总评
得分									

组内互评：

小组互评：

组名	第一组	第二组	第三组	第四组	第五组	第六组	第七组	第八组	总评
得分									

六、评价反馈	成绩：

请根据自己在课堂中的实际表现进行自我反思和自我评价。

自我反思：_____

_____。

自我评价：_____

_____。

实训成绩单

评价项目	评 分 标 准	分值	评分
知识目标	了解城市轨道交通职业道德的内涵	10	
	熟悉城市轨道客运服务礼仪的要求	20	
	掌握城市轨道交通职业道德的养成方法	10	
技能目标	能对客运服务礼仪进行合理运用	20	
	能从自身角度出发找到职业素质提升的方法	20	
情感目标	具有良好的语言表达能力	5	
	具有应变能力	5	
	积极参加课堂活动	5	
	能与他人合作积极完成任务	5	
	总　　分	100	
评语			

学院		专业	
姓名		学号	
小组成员		组长姓名	

一、接受工作任务	成绩：

  1）学生按 6~8 人一组进行分组，按照演练步骤，根据所学内容，制订本组的演练方案，桌面演练应急处理情况。

  2）学生反复演练，逐步完善演练效果。

  3）各组设置观察员 1 名，用摄像机、手机等视录设备将演练过程拍摄下来，使用观察清单记录和分析该小组演练问题及演练程序中关键点的时间把控程度。演练视频也是教师评价依据之一。

  4）演练后对演练效果进行评价，并汇报说明演练中存在的问题，提出改进措施。

二、信息收集	成绩：

  1. 自动售票机外部结构

  要求：

  1）每一名学员按顺序写出图中所标设备的名称。

  2）在实训场地让学员分组模拟自动售票机外部操作。

2. 自动售票机内部结构

要求：

1）每一名学员按顺序写出图中所标设备的名称。

2）在实训场地让学员分组模拟自动售票机外部操作。

三、制订计划	成绩：

制订计划	查阅资料获取信息	1）查阅地铁公司相关自动售票机的结构信息 2）收集相关自动售票机的结构信息
	教师指导任务要点	1）教师利用多媒体教学手段，教授自动售票机的基本知识 2）教师利用实训设施进行自动售票机结构认知演示。学生模拟实训操作，以便掌握操作方法 3）教师设定突发情景，学生根据预设情景（自动售票机外部结构认知、自动售票机内部结构认知等），模拟自动售票机外部操作
	知识与技能要求	1）掌握自动售票机外部结构 2）掌握自动售票机内部结构 3）培养严谨的工作态度和应变能力
	任务实施方案制订	
计划审核	审核意见：	
		年　月　日　签字：

四、计划实施	成绩：

计划实施	时间：	地点：
	实施要点：	
	实施过程记录另附	

五、质量检查						成绩：			

通过个人页的完成质量，结合小组代表成果展示，完成本次工作任务的检查与评价。
自评分数：

评价人	组员一	组员二	组员三	组员四	组员五	组员六	组员七	组员八	总评
得分									

组内互评：
小组互评：

组名	第一组	第二组	第三组	第四组	第五组	第六组	第七组	第八组	总评
得分									

六、评价反馈	成绩：

请根据自己在课堂中的实际表现进行自我反思和自我评价。
自我反思：_____
_____。
自我评价：_____
_____。

实训成绩单

评价项目	评分标准	分值	得分
知识目标	了解自动售票机的分类和功能	5	
	掌握自动售票机外部结构	10	
	掌握自动售票机内部结构	15	
技能目标	能进行自动售票机故障初步检测	20	
	能进行自动售票机故障初步修理	20	
	能具备进行自动售票机故障的应急处理	10	
情感目标	具有良好的服务意识	5	
	工作态度端正	5	
	积极参加课堂活动	5	
	能与他人合作积极完成任务	5	
总　分		100	
评语			

实训工单九　站厅和站台服务案例分析

学院		专业	
姓名		学号	
小组成员		组长姓名	
一、接受工作任务		成绩：	

1）学生按 6～8 人一组进行分组，分演车站不同岗位工种，按照演练步骤，根据所学内容，制订本组的演练方案，桌面演练应急处理情况。

2）学生反复演练，逐步完善演练效果。

3）各组设置观察员 1 名，用摄像机、手机等视录设备将演练过程拍摄下来，使用观察清单记录和分析该小组演练问题及演练程序中关键点的时间把控程度。演练视频也是教师评价依据之一。

4）演练后对演练效果进行评价，并汇报说明演练中存在的问题，提出改进措施。

二、信息收集		成绩：	

1.站厅服务案例分析

某日，一名成年人抱着一个大纸箱进站，工作人员询问后得知纸盒内装着计算机显示器，工作人员礼貌地提醒："先生您好，为了您和其他人的安全，按规定我们不能让您进站。"乘客不理解，不满地说道："为什么不可以，新买的显示器能有什么危险？"该乘客认为工作人员故意为难他，和站务员发生争执。若你是该站务员，你该如何应对？

要求：

1）每一名学员能叙述站厅服务基本要求。

2）在实训场地让学员分组分岗位按处理流程模拟现实情景的处理。

2. 站台服务案例分析

某日，一位乘客带着孩子在站台上候车，孩子刚喝完饮料，乘客随手将饮料瓶扔到了地上，给孩子擦完嘴之后，又把纸巾扔到了地上，站务员上前制止，要求其捡起东西放进垃圾桶里，这位乘客不乐意，和站务员争吵起来……。若你是该名站务员，你该如何应对？

要求：

1）每一名同学能叙述服务流程。

2）在实训场地让学生分组分岗位按处理流程模拟现实情景的处理。

三、制订计划			成绩：

制订计划	查阅资料获取信息	1）查阅地铁公司相关故障处理的应急预案 2）收集相关事故案例
	教师指导任务要点	1）教师利用多媒体教学手段，教授站台和站厅的基本服务知识 2）教师利用实训设施进行站台服务、站厅服务处理步骤演示。学生模拟实训操作，以便掌握操作方法 3）教师设定突发情景，学生根据预设情景（站台服务、站厅服务等）模拟处置突发状况
	知识与技能要求	1）掌握站台服务流程 2）掌握站厅服务流程 3）具有严谨的工作态度和应变能力
	任务实施方案制订	
计划审核	审核意见：	年　　月　　日　　签字：

| 四、计划实施 | | 成绩： | |

<table>
<tr><td rowspan="4">计划实施</td><td colspan="2">时间：</td><td>地点：</td></tr>
<tr><td colspan="3">实施要点：</td></tr>
<tr><td colspan="3"></td></tr>
<tr><td colspan="3">实施过程记录另附</td></tr>
</table>

五、质量检查　　　　　成绩：

通过个人页的完成质量，结合小组代表成果展示，完成本次工作任务的检查与评价。
自评分数：

评价人	组员一	组员二	组员三	组员四	组员五	组员六	组员七	组员八	总评
得分									

组内互评：
小组互评：

组名	第一组	第二组	第三组	第四组	第五组	第六组	第七组	第八组	总评
得分									

六、评价反馈　　　　　成绩：

请根据自己在课堂中的实际表现进行自我反思和自我评价。
自我反思：_____。
自我评价：_____。

实训成绩单

评价项目	评分标准	分值	得分
知识目标	了解站台服务和站厅服务的基本要求	5	
	掌握站台和站厅的服务流程	10	
	掌握站台服务和站厅服务突发情况的处置方法	15	
技能目标	能进行站台服务突发事件的基本处理	20	
	能进行站厅服务突发事件的基本处理	20	
	能进行突发事件的综合处理	10	
情感目标	具有良好的服务意识	5	
	工作态度端正	5	
	积极参加课堂活动	5	
	能与他人合作积极完成任务	5	
总　分		100	
评语			

实训工单十　处理乘客投诉的一般原则

学院		专业	
姓名		学号	
小组成员		组长姓名	

一、接受工作任务	成绩:

　　根据下列乘客投诉事件，小组讨论处理乘客投诉的一般原则，并运用基本原则处理这起投诉事件。

　　案例：某日早晨，因工作人员时间掌握有误，导致地铁站门延迟 10min 开启，大批乘客滞留在站外。乘客质问站务员开门延迟的原因，站务员不做任何解释，直接离开，随后乘客进行了投诉。

　　根据实训成绩单中"处理乘客投诉一般原则实训考核评分标准"上的参考内容进行处理。

二、信息收集	成绩:

　　乘客事务处理原则

　　1.＿＿＿＿＿＿＿＿原则

　　在保证乘客安全的前提下，服务人员要尽量满足乘客的需求，多从乘客的角度思考，相信乘客投诉总有他的原因，同时还要时刻灌输"一定是我们的工作没有做好，给乘客带来了不便"的意识。

　　2.＿＿＿＿＿＿原则

　　面对乘客的投诉，服务人员要清楚地意识到，乘客既然选择投诉就没有想过自己有错，而是想听取对方的道歉，获得心理安慰。因此，在处理乘客投诉时，服务人员首先要反思自己的不足，将责任揽在自己身上，主动向乘客道歉，这样才会使乘客心理得到平衡，促使问题解决。

　　3.先处理＿＿＿＿＿、后处理＿＿＿＿＿的原则

　　大多数乘客投诉是情绪使然，如果乘客情绪能得到发泄，感情上可获得抚慰，那么乘客投诉的问题就解决了一大半。因此，面对乘客投诉时，服务人员应先安抚乘客的情绪，使乘客怒气平息后，再想办法解决其他问题。

4.　　　　　的原则

乘客的投诉多种多样，有的可能不合理。面对乘客不合理的投诉，服务人员不要得理不饶人，直接指责乘客，使乘客难堪。因为，这样不仅不利于问题的解决，还有可能会激化矛盾。服务人员应当体谅和理解乘客，对于乘客的一些错误行为给予包容，对于乘客违反规定的行为，只要给予乘客善意的提醒即可。

三、制订计划　　　　　成绩：

操 作 流 程		
序号	岗 位 分 工	岗 位 职 责
计划审核	审核意见： 　　　　　　　　　　　　　　　年　　月　　日　　签字：	

四、计划实施　　　　　成绩：

计划实施	时间：　　　　　　　　　　　　地点：
	1. 任务分配 1）根据学生人数按 4~6 人一组进行分组，分工合作完成 2）利用多媒体教室、桌子、椅子、书、表演道具等实训材料 3）各小组进行讨论，分析出投诉处理的基本原则，模拟完成任务并进行评分 4）各小组进行总结和汇报 2. 实施要点 1）能按照投诉处理原则，合理分配相关岗位，明确各岗位职责 2）能够在处理乘客投诉过程中情绪稳定，平复乘客的不满 3）在实训过程中学会和他人相处，有团队合作精神
	实施过程记录另附

五、质量检查				成绩：				

通过个人页的完成质量，结合小组代表成果展示，完成本次工作任务的检查与评价。

自评分数：

评价人	组员一	组员二	组员三	组员四	组员五	组员六	组员七	组员八	总评
得分									

组内互评：

小组互评：

组名	第一组	第二组	第三组	第四组	第五组	第六组	第七组	第八组	总评
得分									

六、评价反馈	成绩：

请根据自己在课堂中的实际表现进行自我反思和自我评价。

自我反思：_____

_____。

自我评价：_____

_____。

实训成绩单

评价项目	处理乘客投诉一般原则实训考核评分标准	分值	得分
知识目标	掌握安全第一、乘客至上的原则	10	
	掌握不推脱责任原则	10	
	掌握先处理感情、后处理事件的原则	10	
	掌握包容乘客的原则	10	
技能目标	能按照基本原则处理投诉	15	
	能合理分配小组成员角色	10	
	能用规范的语言行为进行投诉处理	15	
情感目标	具有良好的服务意识	5	
	工作态度端正	5	
	积极参加课堂活动	5	
	能与他人合作积极完成任务	5	
总分		100	
评语			

实训工单十一　正确处理乘客投诉

学院		专业	
姓名		学号	
小组成员		组长姓名	

一、接受工作任务	成绩：

　　根据下列乘客投诉事件，小组讨论后，完成角色分配，并运用处理乘客投诉的一般流程进行乘客投诉处理。

　　案例：某日，一位乘客从地铁某站出站，因为乘客是首次乘坐地铁，在刷卡出站时，急于通过闸门，被夹住了裙子，站务人员看到后，没有及时帮助乘客，却埋怨道："走那么急干什么？夹到人谁负责啊？"乘客听到后很生气，与站务员发生言语冲突。随后乘客进行了投诉，并要求地铁站赔偿。

　　根据实训成绩单中"处理乘客投诉步骤实训考核评分标准"中的内容进行处理。

二、信息收集	成绩：

认知乘客投诉背后的期望，投诉者想通过投诉得到什么？

1.想得到重视和聆听，求尊重的心理：

2.希望服务人员知道他们的问题和不开心的原因：

3.希望问题尽快得到解决：

4.获得赔偿或补偿：

三、制订计划	成绩：

<table>
<tr><td colspan="3" align="center">操 作 流 程</td></tr>
<tr><td>序号</td><td>岗 位 分 工</td><td>岗 位 职 责</td></tr>
<tr><td></td><td></td><td></td></tr>
<tr><td></td><td></td><td></td></tr>
<tr><td></td><td></td><td></td></tr>
<tr><td></td><td></td><td></td></tr>
<tr><td></td><td></td><td></td></tr>
<tr><td>计划审核</td><td colspan="2">审核意见：

　　　　　　　　　年　　月　　日　　签字：</td></tr>
</table>

四、计划实施	成绩：

<table>
<tr><td rowspan="3">计划实施</td><td>时间：</td><td>地点：</td></tr>
<tr><td colspan="2">　　1）学生按 5～7 人一组进行分组，分演车站不同岗位工种，按照演练步骤，根据本单元所学内容，制订本组的演练方案，桌面演练应急处理情况
　　2）学生反复演练，逐步完善演练效果
　　3）各组设置观察员 1 名，用摄像机、手机等视录设备将演练过程拍摄下来，使用观察清单记录和分析该小组演练问题及演练程序中关键点的时间把控程度。演练视频也是教师评价依据之一
　　4）演练后对演练效果进行评价，并汇报说明演练中存在的问题，提出改进措施</td></tr>
<tr><td colspan="2">实施过程记录另附</td></tr>
</table>

五、质量检查	成绩：

通过个人页的完成质量，结合小组代表成果展示，完成本次工作任务的检查与评价。
自评分数：

评价人	组员一	组员二	组员三	组员四	组员五	组员六	组员七	组员八	总评
得分									

组内互评：
小组互评：

组名	第一组	第二组	第三组	第四组	第五组	第六组	第七组	第八组	总评
得分									

六、评价反馈		成绩：		

请根据自己在课堂中的实际表现进行自我反思和自我评价。

自我反思： _____

_____。

自我评价： _____

_____。

实训成绩单

评价项目	处理乘客投诉步骤实训考核评分标准	分值	得分
知识目标	态度真诚接待乘客	10	
	对乘客表示同情和歉意	10	
	根据乘客要求采取合理措施	10	
	感谢乘客的批评指教	10	
	快速补偿乘客投诉损失	10	
技能目标	能合理安排投诉剧情	10	
	小组成员角色分配合理，分工明确	10	
	投诉处理方法得当	10	
情感目标	具有良好的服务意识	5	
	工作态度端正	5	
	积极参加课堂活动	5	
	能与他人合作积极完成任务	5	
总　　分		100	
评语			

实训工单十二　处理乘客投诉的技巧

学院		专业	
姓名		学号	
小组成员		组长姓名	

一、接受工作任务　　　　成绩：

　　根据下列乘客投诉事件，小组讨论后，完成角色分配，并运用技巧进行乘客投诉处理。
　　案例：某日下午下班客流高峰期，车站人员较多，客服人员在售票亭售票，一位乘客使用多个5角和1角硬币购买车票，见到这种情况，客服人员说："您还是给我整钱吧，我们不收零钱。"乘客反问："为什么拒收呢？钱又不少，这是合法流通的人民币。"客服人员答："现在谁还使用一角硬币啊，收了您的钱，我们也兑兑不了别的乘客啊。"乘客很生气，但还是换了整钱购票。但随即乘客使用自媒体以及地铁网站投诉页进行了投诉，表达不满。
　　根据实训成绩单中"处理乘客投诉技巧实训考核评分标准"中的内容进行处理。

二、信息收集　　　　成绩：

　　乘客投诉处理技巧
　　1.用心倾听
　　当乘客在不断抱怨时，服务人员要耐心地倾听，不要轻易打断乘客的讲话，也不要评判乘客的错误，而要鼓励乘客倾诉下去，尽情宣泄心中的不满。此外，倾听也需要技巧，服务人员在倾听乘客叙述时，要注意以下几点：
　　1)

　　2)

　　3)

　　4)

2. 真心诚意道歉

当接到乘客投诉时，无论是否是自己的原因，服务人员都要向乘客道歉，而且要真心实意地道歉，让乘客感受到自己诚恳的态度，切忌虚情假意、敷衍了事地道歉。尤其过失在自己时，服务人员要立即道歉，如"乘客您好，非常抱歉，由于我工作的失误给您带来了不便。"服务人员向乘客道歉时，表情要真挚诚恳，语言要礼貌得体。常用的正确道歉语言有："实在不好意思，给您造成的困扰，我向您道歉。""乘客您好，由于我工作的失误给你造成的不便，我感到非常抱歉。""乘客您好，实在抱歉，错误在我，我马上为您处理。"等。

3. 解决乘客问题

在听完乘客投诉，了解清楚乘客投诉的原因之后，服务人员要给乘客解决问题。解决过程主要包括以下几个步骤。

1）提供解决方案。提供解决方案时，要考虑以下几点：

① 掌握_____，分析投诉事件的_____。

② 考虑企业既定方针。

③ 确定处理者的_____。

2）让乘客认同解决方案。服务人员向乘客提出解决方案后，要真挚、诚恳地与乘客沟通，尽量使乘客同意解决方案，否则不会消除乘客的不满。如果乘客不同意，服务人员需要进一步了解乘客的需求和期望，以便做出新的改进。

3）执行解决方案。乘客同意解决方案后，服务人员要_____、_____，不要耽误时间。

如果提出的解决方案不能及时解决，服务人员要坦诚地告诉乘客不能及时解决的原因，并随时向乘客通报处理的_____，让乘客了解到他们的问题正在得到解决。

4. 感谢乘客

解决完乘客的问题后，服务人员要向乘客表示_____，感谢乘客选择我们的服务并发现服务中的不足。因为乘客的这些批评指导意见会帮助企业提高_____和_____。常用的感谢语言有："谢谢您的配合。""非常感谢您的建议。"必要时，服务人员还要送乘客出站，让乘客感受到自己被重视，切忌怠慢乘客，自己先行离开或者让乘客自己离开。

三、制订计划	成绩：

操作流程		
序号	岗位分工	岗位职责
计划审核	审核意见： 年　月　日　签字：	

四、计划实施		成绩：	

计划实施	时间：		地点：
	1）学生按 5~7 人一组进行分组，将教学班级分为若干组，开展实训		
	2）学生反复演练，逐步完善演练效果		
	3）教师设定演习背景，引导学生扮演乘客及工作人员进行投诉处理技巧演练		
	4）各组设置观察员 1 名，用摄像机、手机等视录设备将演练过程拍摄下来，使用观察清单记录和分析该小组演练问题及演练程序中关键点的时间把控程度		
	5）演练后应对演练效果进行评价，并汇报说明演练中存在的问题，提出改进措施		
	实施过程记录另附		

五、质量检查		成绩：	

通过个人页的完成质量，结合小组代表成果展示，完成本次工作任务的检查与评价。

自评分数：

评价人	组员一	组员二	组员三	组员四	组员五	组员六	组员七	组员八	总评
得分									

组内互评：

小组互评：

组名	第一组	第二组	第三组	第四组	第五组	第六组	第七组	第八组	总评
得分									

六、评价反馈		成绩：	

请根据自己在课堂中的实际表现进行自我反思和自我评价。

自我反思：_____

_____。

自我评价：_____

_____。

实训成绩单

评价项目	处理乘客投诉技巧实训考核评分标准	分值	得分
知识目标	了解乘客投诉原因	10	
	掌握乘客投诉处理流程	20	
	掌握解决乘客问题需注意的问题	10	
技能目标	能合理分工小组成员角色	10	
	能设置发展合理的剧情	15	
	能发言流畅，言简意赅	15	
情感目标	具有良好的服务意识	5	
	小组成员表演到位、投入	5	
	积极参加课堂活动	5	
	投诉方法处理得当，语言温暖	5	
总　　分		100	
评语			

实训工单十三　城市轨道交通客运服务质量评价实训

学院		专业	
姓名		学号	
小组成员		组长姓名	
一、接受工作任务		成绩：	

通过 SERVQUAL 量表评价方法，在 SERVQUAL 量表 5 个要素的基础上，增加方便和安全两个要素，并对每个要素的概念和内涵进行界定，编制服务调查问卷。通过实地调查方法收集数据，分析评估运营企业服务质量、乘客满意度及现在需求等，并在此基础上提出相应的改善措施。

二、信息收集	成绩：

尊敬的女士、先生：

您好！某某地铁为了更好地为您服务，通过本次不记名调查了解您对地铁服务的满意情况，请您根据相关情况，在认可的选项处画"√"。

1. 需调查的基本信息

1）乘客出行目的。

2）乘坐地铁的原因。

3）月均乘坐地铁次数。

4）出行交通方式。

5）月平均交通费用。

6）对地铁服务的总体印象。

2. 编制地铁服务质量调查问卷

基于依据 PZB 理论编制衡量服务品质的 SERVQUAL 量表。

1）服务设施。

2）列车运行。

3）车站与列车环境。

4）人员服务。

三、制订计划	成绩：

乘客个人信息表

性别	① 男　② 女	常住人口（本市半年以上）	① 是　② 否
年龄	① < 20　② 21～30　③ 31～40　④ 41～50　⑤ 51～60　⑥ > 60		
学历	① 初中及以下　② 高中或中专　③ 大专或本科　④ 硕士或博士		
职业	① 公务员　② 企业员工　③ 自由职业　④ 私营企业　⑤ 学生　⑥ 军人　⑦ 农民 ⑧ 离退休人员　⑨ 专业人士（医生、教师、科研、律师等）　⑩ 其他（请注明＿＿＿）		
月收入/元	① 无收入　② 少于 800　③ 800～3000　④ 3000～5000 ⑤ 5000～8000　⑥ 8000～10000　⑦ 10000 以上		
乘坐地铁支出来源	① 完全自费　② 单位部分报销　③ 单位全额报销　④ 领取交通补贴		

调查时间：＿＿＿＿时＿＿＿＿分　　线路：＿＿＿＿＿＿＿　　站名：＿＿＿＿＿＿

调查员：＿＿＿＿＿＿　　　　监督员：＿＿＿＿＿＿

四、计划实施	成绩：

问卷测试对象

选择城区主要线路，客流量较大且有显著问题的两个枢纽站，采用随机取样的方法选择测试对象，不考虑测试对象的性别、年龄、职业和收入水平等差异。在 3 天时间内，分别在非高峰期（下午 2:00—4:00）和高峰期（4:00—6:00）发放问卷。两车站分别收回（　　　）份和（　　　）份问卷。其中有效问卷分别为（　　　）份和（　　　）份。

某城市轨道交通运营企业服务项目评价表

类别	服务项目	很满意	比较满意	一般	不太满意	非常不满意
服务设施	1. 车站座椅	5	4	3	2	1
	2. 车站广播	5	4	3	2	1
	3. 列车广播	5	4	3	2	1
	4. 便民设施（电话、ATM）	5	4	3	2	1
	5. 卫生间设施、设备	5	4	3	2	1
	6. 交通一卡通信息查询	5	4	3	2	1
	7. 导向标识（进站、出站、乘车等）	5	4	3	2	1
	8. 自动售票	5	4	3	2	1
	9. 自动检票	5	4	3	2	1
	10. 自动扶梯运转情况	5	4	3	2	1
	11. 车内扶手杆、拉环设置	5	4	3	2	1
	12. 盲道和其他无障碍设施	5	4	3	2	1
	13. 车站地面、墙面平整完好情况	5	4	3	2	1

（续）

类别	服务项目	很满意	比较满意	一般	不太满意	非常不满意
列车运行	1. 首末车时间	5	4	3	2	1
	2. 列车运行速度	5	4	3	2	1
	3. 列车运行准点情况	5	4	3	2	1
	4. 列车间隔时间	5	4	3	2	1
安全保障	1. 行车安全	5	4	3	2	1
	2. 上、下车秩序	5	4	3	2	1
	3. 上、下车组织疏导	5	4	3	2	1
	4. 出、入口的进、出站秩序	5	4	3	2	1
	5. 安全乘车宣传（报警、处置、逃生方法等）	5	4	3	2	1
	6. 列车关门前提示（提示铃、提示音）	5	4	3	2	1
	7. 列车运行平稳度	5	4	3	2	1
应急服务	1. 紧急情况下的车站广播	5	4	3	2	1
	2. 紧急情况下的列车广播	5	4	3	2	1
	3. 紧急情况下站务员的引导与信息提供	5	4	3	2	1
车站环境	1. 车站设备噪声量	5	4	3	2	1
	2. 车站卫生	5	4	3	2	1
	3. 车站通风	5	4	3	2	1
	4. 车站温度	5	4	3	2	1
	5. 车站照明	5	4	3	2	1
	6. 卫生间的卫生情况	5	4	3	2	1
	7. 垃圾箱的数量和位置	5	4	3	2	1
	8. 车站广播的数量	5	4	3	2	1
车厢环境	1. 列车运行噪声量	5	4	3	2	1
	2. 车厢内卫生	5	4	3	2	1
	3. 车厢内温度	5	4	3	2	1
	4. 车厢内通风	5	4	3	2	1
	5. 车厢照明	5	4	3	2	1
	6. 列车广告的数量	5	4	3	2	1
人员服务	1. 服务人员的着装及精神面貌	5	4	3	2	1
	2. 服务人员的行为举止	5	4	3	2	1
	3. 服务人员的服务主动性	5	4	3	2	1
	4. 服务人员的服务态度和语言	5	4	3	2	1
	5. 服务人员解答问询快速、准确	5	4	3	2	1
换乘	1. 地铁线路之间的换乘	5	4	3	2	1
	2. 换乘的候车时间	5	4	3	2	1

五、质量检查	成绩：

请实训指导教师检查本组作业结果，并针对实训过程出现的问题提出改进措施及建议。

序　号	评 价 标 准	评 价 结 果
1		
2		
3		
4		
5		
综合评价	☆ ☆ ☆ ☆ ☆	
综合评语		

六、评价反馈	成绩：

请根据自己在课堂中的实际表现进行自我反思和自我评价。

自我反思：_____

_____。

自我评价：_____

_____。

实训成绩单

项　　目	评 分 标 准	分值	得分
接收工作任务	明确工作任务，理解任务在企业工作中的重要程度	5	
信息收集	掌握城市轨道交通服务质量评价方式	15	
制订计划	按评价要求制定调查计划	5	
计划实施	前期有调查	10	
	中期有时间制定调查计划	10	
	根据所学知识完成调查分析	25	
质量检查	学生任务完成，调查过程规范	10	
评价反馈	学生能对完成任务表现情况进行客观评价	10	
	学生在任务实施过程中发现问题	10	
得分（满分 100）			